文化遗产档案丛书

天津皇会

锦衣卫桥和音法鼓老会

冯骥才 主编　唐娜 蒲娇 著　段新培 张礼敏 蒲娇 摄影

锦衣卫桥和音法鼓老会至迟成立于清朝顺治年间，是一道主要由城郊菜农组成的乡亲会、子孙会。和音法鼓没有大买卖家的资助，依靠乡民同心，练就精湛技艺在天津法鼓圈受到同行推崇，曾参加一九三六年最后一次传统皇会。

本丛书为国家社会科学基金艺术学项目
"现代社会转型期天津皇会的研究"系列成果之一

丛书编辑委员会

总序

文化存录的必要

冯骥才

在时代急骤转型时，一部分民间文化的消失在所难免。

这种消失，有的是物换星移与新旧交替之必然，有的则因为失去了存在的土壤，无法再活下去；这是一种无可奈何花落去，一种在时代更迭和进程中的"正常死亡"。

当然还有一种"非正常死亡"：或由于利益驱动，自我割除；或由于浅薄无知，信手扬弃；或由于对致富的心情过于急切，草草处决了历史生命。故而，对于现存的活态民间文化遗产，我们必需抓紧做的事：一是力保，一是存录下来。

存录，就是在一项民间文化（即非物质文化遗产）尚在活态时，抓紧对其进行全面的田野调查，同时运用各种技术手段，尽可能将其完整地、客观地、翔实地记录与保存下来。存录的目的是把动态的、不确定的、分散存在的、保留在人们的记忆、行为或口头上的文化遗产，采集下来，进行科学整理，从而为该遗产建立一份永久性的档案。

这样做的目的，一方面使我们对自己的遗产有完整而清晰的认识，有了必备的文献性的依据；一方面在其不可挽留时，还备有一份历史存照，不致烟消云散，化为乌有。这既是对遗产的科学态度，又是对历史创造应有的尊重，也是遗产学的工作之本。

十年来，存录的做法一直贯穿在我们文化遗产抢救的始终，如在中国木版年画、剪纸、唐卡、泥彩塑等诸多方面都进行了系统的存录和建档的工作。历史上，我们对民间文化多是成果或作品的采集。很少通过人类学、民俗学、历史学、民艺学等多学科的交叉和综合角度，进行整体的考察与田野记录，很少使用口述调查与音像记录等手段。这种方法是我们在社会转型期间，对中华民族的历史创造进行地毯式田野抢救时所采用的一种创造性的学术方法。在2009年举行的"田野的经验"国际会议上得到与会各国专家的认可和肯定。

十年来在全国各地已有很多学者与专家对某一专项民间文化遗产抢救时，也使用了这种方法。

这里则是对国家非遗的"皇会祭典"进行了如是的调查、整理和存录。

曾经兴盛于北方重镇天津、从属于妈祖祭典的皇会，具有深厚的文化内涵，浓郁的历史情韵，严格的程序套路，高超的表演技艺与强烈的地域精神。我国民间花会遍布民间，呈现于各地庙会与民间节庆中，像天津皇会这种大规模的都市民俗尚不多见。尤其令人惊讶的是，在当代都市大规模改造和居民动迁之后，这种民间结社性质的许多老会，依然"气在丹田"，凝聚不散，自行组织，自发活动，并没有被商业化，依然朴素地保持着民间文化的纯正性，为当今社会所罕见。表现了这一地域文化曾经扎根于民间之深之牢。同时我们也看到，在现代强势的都市文明的冲击下它面临的黯淡的前景与日渐消解的现实。为此，为这一城市的历史文化遗产建立科学的文化档案是我们必须承担的使命。

天津皇会始于清初，每年阳春三月海神妈祖诞辰吉日举行庆典，城郊各会齐聚天后宫，上街巡游，逞能献艺；一时城中万人空巷，会间百戏杂陈。极盛时期各类花会多至千余道。三百年以来，时代变迁，社会更迭，及至"文革"后百废待兴之时，尚存近半；然而，它所经历的最大的挫折应是近三十年的现代化冲击，致使当下仅存的老会不及百道。对其进行调查、整理、研究、存录及保护，给予主动和积极的学术支撑，都是刻不容缓的事。故此，我院一边将"现代社会转型期天津皇会的研究"作为重点科研课题（已列入国家社科基金学术研究项目）；一边对重点老会开展调查，逐一建立档案。本书便是该档案的文字与图片部分。

此次为皇会立档，一要做史料考证，二要做田野调查。前者求实，后者求真。对每道皇会都涉及其历史沿革、重要人物、技艺特征、音乐曲谱、器物种类、文献遗存、会规会约、传承谱系等等，这些历史上都鲜有记录。调查与印证之难自不必书，存录的价值与意义自在其中。应该说对这一历经数百年极具特色的民俗文化，在其濒危之际，将其完整又翔实地存录下来，亦是一个小小的历史性的贡献。

我很高兴，这项工作已被我院一些年轻的师生承担起来了。由于他们此前完成了《中国木版年画传承人口述史丛书》，我相信这一套天津皇会档案能达到应有的文化质量与价值。

文化的存录对一个民族来说，是记忆，是积累，是面对过去、更是面对未来必需做好做细做扎实的事情。

是为记焉。

2013年5月31日

于天津大学冯骥才文学艺术研究院

目录

第一章

源起、沿革与文化空间

一、锦衣卫桥历史文化概况

　　河东锦衣卫桥和音法鼓老会坐落于天津市河北区锦衣卫桥大街上。这条街北起金钟河路，南至小关大街，全长约640米，宽约6米，相传，因明代锦衣卫指挥使衙门设于此地而得名。

　　天津境内河道分布密集，后因水得桥，因桥得路，使得每一座桥、每一条路背后都有一段记载着天津卫历史文化变迁的佳话。锦衣卫桥北起的金钟河路，正因金钟河桥得名。金钟河的历史可追溯到明天顺二年（1458），对通航、灌溉、行洪方面有至关重要的作用。明清时期，经济发展，水运繁忙，三岔河口一带渐成繁华水陆码头，呈现"千里

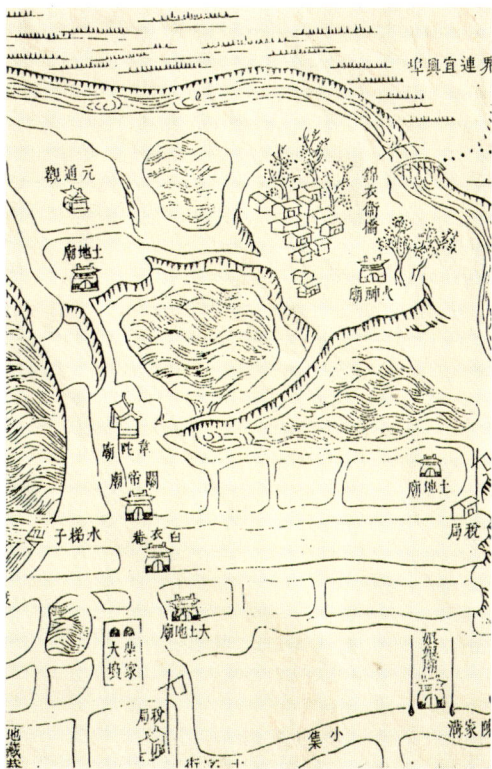

《津门保甲图说》中所绘锦衣卫桥一带

帆樯，万家村市"的景色。此河屡经疏浚，河上游的渡口、浮桥、木桥数目逐渐增多，成为独具地方特色的景观。固定式木结构桥就有贾家大桥、锦衣卫桥、蘑菇桥、王孝子桥等，多为商民捐修。上世纪80年代金钟河被完全填埋，修成柏油马路为金钟路。清人所绘《津门保甲图说》中记载，锦衣卫桥附近的庙宇分布密集，香火较为旺盛的有火神庙、老爷庙、韦驮庙、土地庙、玉皇阁、三元庵、尚师傅坟地庙等。在火神庙附近后设有公益性质的火会，负责村庄周围的火灾救助。此地村民中妈祖信众较少，这跟村民从事的职业有关，他们中基本没有从事出海作业的民商。

　　"锦衣卫"与"东厂"、"西厂"齐名，合称"厂卫"，并为明代三大特务机构。初为皇宫禁卫军，掌直驾侍卫。明成祖夺取皇位，威慑群臣，命锦衣卫掌管巡察缉捕，为政府耳目与爪牙。此机构擅作威福，手段残酷，造出无数惨案，使得民不聊生。明代特务机关自上至下分为三部分：一驻于京师，二派驻各地，三临时向外差遣。三部分中以分驻各地的人数为多，各省及重镇几乎都设锦衣卫派驻分支机构，其任务就是侦察监督各地官吏军民人等。明永乐十五年(1417)，在迁都北京之前，明成祖从"锦衣卫"中抽调部分精锐开赴天津，在原天津三卫指挥衙门前设立锦衣卫指挥使衙门(所在地即今锦衣卫桥大街附近)，以监察京津地区军民动态。清乾隆十一年(1746)，金钟河上建起一座石拱桥，名"锦衣卫桥"，附近临河村落亦以锦衣卫桥村命名。清咸丰年间建成街道，以桥得名。民国时期，这座古老的石头拱桥被改造为3米宽的木桥。此地曾以风景优美著称，成为当时文人墨客笔下的旖旎之地。有清诗为证："青帘斜挂杏林边，垂柳荫中系钓船；记取锦衣桥畔路，澹烟疏雨暮青天。""郊原雨足麦油油，长夏江村只是秋；何处垂杨堤系柳，锦衣桥畔酒家楼。"两诗中都以锦衣卫桥畔的风光作为对象，寥寥几笔，自然风光与人文环境中所散发的清新而朴实的气息跃然纸上。1953年兴修水利时锦衣卫木桥被拆除，1954年，锦衣卫桥大街与大叠道、韦驮庙街相接，统称锦衣卫桥大街，两侧多为简陋平房住宅，1998年此路在平房改造中被拆除。

锦衣卫桥大街原分为三段，北段称锦衣卫桥大街，锦衣卫桥旧址便在此段；中段称大叠道；西南段称韦驮庙街，此段曾修过街楼阁，民间称为"阁（gǎo）底下"。1954年起，政府规划统称锦衣卫桥大街。锦衣卫桥大街可谓当时整个村庄最为繁华的一带，据原住此地的老人回忆，20世纪上半叶，街道两边便开有密集的商家店铺，为此地居民购买日常用品、食物的去处，如杂货铺、点心铺、文具店、麻酱场子等店。

旧时天津老城又称"算盘城"，以鼓楼为中心，按照西北角、东北角、西南角、东南角四个区域来划分，西北角和东北角之间由北马路连接，东北角到东南角之间由东马路连接，东南角和西南角之间由南马路连接，西北角和西南角之间是西马路，这四条路之间的区域算是老城里，四条马路之外的地界算是城外。锦衣卫桥一带属于城郊。此地从事经济贸易的商贾富户较少，土地宽满，因此民众多以种菜维持生计。形成了锦衣卫桥村落中部为百姓居住的聚集地，菜园子围绕周边的格局。1902年，时任驻津直隶总督兼北洋大臣的袁世凯，下令修建北站（今天津市河北区中山路5号）。村落中的部分土地被占，失去土地的村民无法再从事耕种，随后，当时政府便安排这些人到北站的脚行工作。脚行工作的特殊性，为将来和音法鼓老会的蓬勃发展提供了一定帮助。

二、老会的起源、发展与变迁

明朝时期，锦衣卫桥法鼓老会所在村庄被称为"和村"，而"和"字又有和平美满、和乐融融之意，遂作为会名沿用至今。音字以天津法鼓鼻祖大觉庵金音法鼓为范例，而后所成立的法鼓会均冠以"音"字。

锦衣卫桥和音法鼓老会的会名在各个时期有所不同。解放前，其全称为"天津市河东锦衣卫桥和音法鼓老会"，这与锦衣卫桥村归属地的行政区划有关。解放以前，河北区的划分是以海河为准，海河东面称为河东，北面称为河北。同目前所划分的行政区域并不相同。解放初期，和音法鼓老会所在地被划入河北区小关街，此时老会的会名为"河北区小关街锦衣卫桥和音法鼓"，并沿用至今。

关于和音法鼓较为确切的会址记录，大约在上世纪40-50年代。按照老辈人的说法，会址被称为"下处"。根据会中最后一任会头张恩惠

锦衣卫桥和音法鼓老会两任会头

清人所绘《天津天后宫过会行会图》（第十五图，原第四十九起）上的"锦衣卫桥和音法鼓圣会"

第五十圖（原第四十九起）

畫面簡介

共五十三人。二人擎「錦衣衛橋和音法鼓聖會」黃色會幡。二人擎藍色會聯，聯曰：「和善緣秉志承聖宗保佑」「音德道天晏知神目如電」。二擔茶食挑子。二十二人挑小燈，燈上書「和音」、「法鼓」。十六人擎大鈸，二人擎小鈸。二人抬大鼓，一人擊之。三人敲鐺鐺。一人擎連臺大燈幡伏，燈上書「錦衣衛橋和音法鼓聖會」。

題記校註

「和音法鼓雜會」兼位善念，大家口願隨駕出巡行香，議爲敬神許願。有明公言說，緣然敬神有好「可知神聖難看見，何處有神見著？人全知道庵觀寺院廟裏有神聖，乃是人塑的泥胎，神就是廟內靈應，討簽問事，求聖水治病，要知道俱都是那得道的大仙家，與廟內催感香火在暗中。即便是仙家、他每不敢在街市上露面。仙家無非替天行道，世間凡人、他有信者，有不信者。要看真神，年年有神，月月有神，日日有神，時時有神，年月日時，神聖不離眼前。神聖與凡間人常常就話。問幾位神？就神不多，共有十二位神聖。又問哪十二位神聖？明公說是十二位神聖，乃是天、地、君、親、師、日、月、星、鳳、雷、雨、電。道是真神，常見勸人修好得好，居家平安。法鼓學敲擊打，好者爲樂呵，況又是修好行善，不肯遭分析福。爲人隨駕修好行善，無有過處。只有稱讚說好，聖中善念敬神。

回忆，"在解放战争时期，会中有一位张长青（清同治年间－1957年）大爷是当时的会头，家就住在锦衣卫桥大街上，他家对面胡同里有余房，当时会里的执事儿就放在那儿"。在张长青家之前的会所，现在已经无从考究。只听老人提过，闹八国联军的时候会里东西存放在菜园子中看园子用的窝棚里，而后闹日本人之前，存放在锦衣卫桥火神庙中。某年火神庙着了火灾，急公好义的张长青主动提供了自家的余房，作为和音法鼓的下处。随后，在20世纪50年代公私合营前后，老会将会所移入了小关街办事处。"文化大革命"时期，会所名存实亡，会中的器具被会员们存放在一处破旧的防空洞内，才得以保存。而对会中器具破坏较为严重的时候，是在20世纪70年代末的地震期间。当时存放器具的防空洞漏水，表演器具基本都被水浸泡，有所损坏。这期间几位政府工作人员，误以为法鼓器具已经废弃，火烧、砍劈进行大肆的破坏，只剩下

老会设摆留影，设摆地为原金钟路火神庙后胡同口

一两件老物件。这让会员们格外痛惜，上百年的老执事，躲过了"文革"，躲过了天灾，却毁于随意的破坏。和音法鼓于1984年正式全面恢复。会中的老人按照回忆将会中的物件儿重新复制了若干件，分别为：软对儿两副、茶炊子两副、圆笼两副、鼓箱子一套、旗子若干、响器若干，用资一万多

老会失窃后，仅存的几件老物件之一——软对结子

元。这在上世纪80年代初人们生活还不十分富裕之时，可以说是一笔不小的开支。此时的会所先是被小关街道安排到金钟路火神庙后胡同口的一间房子里，不久又搬到了火神庙前学堂胡同的一个小二层楼中。正是

和音法鼓老会与柳滩德音法鼓老会部分会员合影

因为和音法鼓始终没有产权性质的会所，以至于在1999年和音法鼓老会所在的区域进行大规模拆迁后，街道并未还迁给老会相应的会所，使得器具的存放成为制约老会发展的一

个重要问题。会员们也曾奔波于各个机构之间，想为老会争取到一处可存放器具及练习技艺的会所，却始终无果。会所问题迟迟未决，会中的器具便一直存放于火神庙前学堂胡同口的小二层楼中，这是导致后来会所遭窃的主要原因。此次失窃导致老会的元气大伤，响器丢了，人员分散，老会逐渐淡出了人们的视野。

回顾老会发展历史，自1984年复兴直至1990年期间，是老会二次发展的鼎盛时期。此时老会会员最多，演出也十分频繁，并屡获殊荣，在社会各界有着广泛影响力。复会初期，老会曾应邀参加过《滦水滔滔》《龙嘴大铜壶》等影片的拍摄。1986年参加过在西青区举办的杨柳青音乐盛会，此次盛会由中国音乐家协会主办，将各种打击乐搬上舞台进行比赛，涉及会种广泛，囊括了天津大部分的吹会和法鼓。和音法鼓会表演的是二品甩尾儿，表演时长35分钟，由恽恩甲师傅敲鼓，代锦良师傅敲头钹，郭炳衡师傅敲头铙。此次表演获得了业内外人士的一致好评，并获得"德艺双馨奖"。1989年是锦衣卫桥老会最后一次出会，地点在北宁花园，而自1999年老会器物失窃后，便再也没有条件出会。时至2001年，经过会里几位主事者商量决定，将会中所剩的器具交给同老会交好的柳滩德音法鼓老会使用。"交给他们（德音法鼓），我们比较放心，他们能妥善保管，我们希望这些老物件能有个好的下处，还能出声儿。"所托管的器具主要有：鼓箱子一个，灯牌八个，茶炊子两副，圆笼两副，高照四个。这些器物存放于德音法鼓后，一直保管完好。因为在灯牌、旗子、硬对、软对等器物上都有和音法鼓的字样，德音法鼓同和音法鼓商量后，将和音法鼓的标识都改成了"德音"的字样。目前德音法鼓老会存续状况良好，如有设摆，德音法鼓会邀请和音法鼓老会参加。两会会员坐在一起叙旧，切磋技艺。除此暂存的器具之外，会中还有两副软对结子存放于张恩惠家中，保存状态良好。

　　大觉庵金音法鼓作为天津的法鼓鼻祖一说并无异议。但起源于何时，却众说纷纭。一说：明代燕王扫北（1390年）时已经有了法鼓，此说并无文字记载，只为民间口传；另一说：明末清初法鼓产生，并逐渐成为一种较为盛行的表演形式。锦衣卫桥和音法鼓的鼓箱子可以作为第二种说法的有力见证，同时也可从另外一个侧面考证和音法鼓的起源时间。据和音法鼓老艺人纪富忠（1920—1988）介绍：会中原来的鼓箱子的四个角刻有狮子头，每个狮子头的脖子上戴着一个锁，锁上挂着两个摞着放的铜钱，上面刻的是清代的顺治通宝，而下面只露出一半的钱却是明代的钱。另据现任会长张恩惠介绍，两个铜钱上面的刻有满文，下面的铜钱露出部分为"治"字，该铜钱必然来自清"顺治"或者"同治"。老会头张长青为同治年生人，在世时常说和音法鼓有200年了，会中的老人由此推断法鼓会产生于清朝顺治年间，甚至更早的明末清初，认为雕刻鼓箱子的手艺人还留恋明朝，不甘心做满清的亡国奴，所以在雕刻时偷偷地表达了他的心意。虽然这个鼓箱子在"文革"时期惨遭毁坏，但是有多个会员见过，并出版有文字[1]记录。以此可以证明和音法鼓老会距今至少有300余年的历史。

　　传统皇会的最后一次举办在1936年，和音法鼓受邀参加了演出，伴驾灵官。据会中老人介绍，那次出会老会可谓独领风骚。每逢皇会会期，参与庆典的各种花会多达几十道。当时，有几道会想趁庆典混乱之时，把和音法鼓的鼓箱子挤碎。但怎想老会中许多会员是北站从事搬运的脚行工人，以身体强壮、力气大著称。在拥挤之中，他们怕老会表演遭中断，竟发力将鼓箱子连同敲鼓的人一同举了起来，使得表演能够顺利进行。观众对和音法鼓老会的团结一致与急中生智纷纷鼓掌喝彩，老会出尽了风头。

1.郭忠萍编著：《法鼓艺术初探》，百花文艺出版社，1990年，第3页。

会员纪富忠的"天津民间乐师"荣誉证书

和音法鼓老会没有关于历代会头、会员的代谱，目前只能根据健在的老人们的回忆来捋顺相关的传承谱系。但是，这并不影响人们对几位为老会发展和改革做出巨大贡献的老会员们的记忆。时至今日，老会员们依然津津乐道。

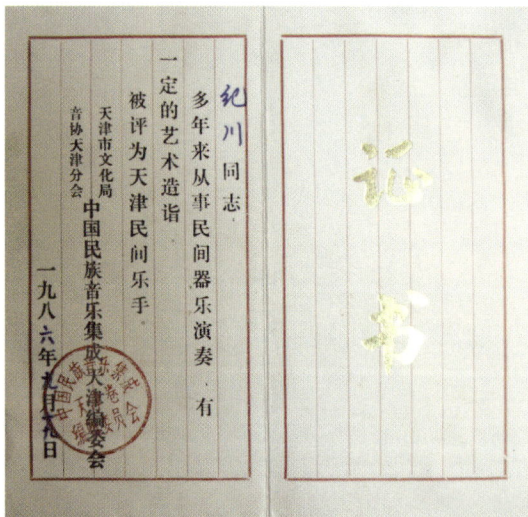

会员纪川的"天津民间乐手"证书

公认对老会贡献最大的人当属张起大爷。他将在天津法鼓界广为流传的十八套歌进行改造编排，将其中节奏过于悲伤、曲牌名不吉利的歌子，最终改编成为目前欢乐祥和的六套歌。

追溯历史，有明确记载的最长一代会头是张长青（清同治年间—1957年）。过去，只要一提到锦衣卫桥长青大爷，几乎是无人不知，家喻户晓。此人并不擅长表演法鼓，但却是会中最有声望的人，并被大家推选为会头。无论出会、设摆、会中置办器具还是大小事务，会员们定会找他商量定夺。此人社交广泛，喜好"惹惹"却为人义气，因此常有打抱不平之举，在当地十分有威信。此外，他将家中闲置的一间屋子作为会所，收放会中器具。会中的长辈便将此处作为聚会点，出会时从此地出发。

张长青是一个普通的农民，以种菜为生，家中土地、房屋较为宽绰。据会中老人回忆，原来在他家门楼上有块"急公好义"的匾，是锦衣卫桥老百姓集体挂上的。20世纪30年代，社会动荡，又恰逢年景不好，许多家庭生计困难。锦衣卫桥附近的百姓，无论谁家有困难，只要找到张长青大爷，说明自己的困难，张长青马上会要他到自家菜园子挑菜卖掉换钱。如果有人急需用钱，只要开口借他马上就会给，但若还钱却不要了。某次恰逢新年，村里的一个老太太去他家串门，看见张长青一家人正在吃熬白菜贴大饽饽。老太太找人打听了一下才知道，法鼓会置办东西，张长青找人借了钱，人家来收债，一年到头来挣的钱全都还了利息，所以只能吃一些白菜、棒子面过年。村民们深受感动，自发凑些铜板，买了肉给他家背去。过去在和莘庄附近的长青公社，就是为了纪念他的急公好义而依他的名字所建。

1957年张长青去世后，恽国邦担任了锦衣卫桥老会的会头（1957年—"文革"期间）。恽家为法鼓世家，兄弟长辈中有多人在和音法鼓老会中担任职事，恽国邦在会中敲铙。此人以在娘娘宫附近卖白菜为生，据说他相当聪明，买菜时价格靠脑子算，既迅速又不差分厘，人送外号"铁算盘"。解放前恽国邦曾担任过村中的伪保长，但他生性善良，未做过坏事。解放以后，由于对街道上的事情比较熟悉，每逢会中有事，便会积极为大家张罗。因此，会中决定由他来接手会头职务。

1984年老会恢复后，由纪富忠担任会头，张恩惠担任副会头，管理会内具体事务。纪富忠曾被誉为"鼓王"，参加过1936年的皇会演出，技艺十分精湛。其子纪川根据父亲生前的叙述回忆，参加皇会时每拨会都要先到娘娘宫里给娘娘朝圣，先在大殿里表演一番，把各自会中最精华的部分演给娘娘看。当时16岁的纪富忠正在中天电机厂学徒，在去会所的路上堵车了。等老会到达娘娘宫的时候，已经是最后一拨会了，格外引人注目。纪富忠站在娘娘宫搭的台子上，带着和音法鼓敲了双套，干净利落，滴水不漏。当人们看到如此精湛的技艺竟然出自一名身着学生服的16岁少年之手，不禁大加赞赏。第二天设摆时，竟然很多道法鼓会的人特意找到和音法鼓，要看看敲鼓的少年到底是谁。打那时起，纪富忠的名声可谓不胫而走，和音法鼓也是名声大噪，备受推崇。

三、相关历史传说

1.两处焦家大院

焦家是和音法鼓中的大姓之一，旧时在锦衣卫桥附近有两个焦家大院。一处在庙前广场东面附近，据说为清朝军机大臣焦佑瀛退隐后修建的。焦佑瀛，字桂樵，天津人，清道光十九年(1839)举人，才华出众。咸丰十一年咸丰皇帝病死于热河，皇子载淳即位。咸丰病重时，焦佑瀛受命为"顾命八大臣"之一。慈禧太后欲垂帘听政，遭到大臣反对，慈禧与恭亲王密谋，发动辛酉政变，将焦佑瀛免职处分。后焦佑瀛归隐于故乡，并于天津市河北区锦衣卫桥修建"遄园"。遄园俗称家园，"遄园"二字有幸免于死而逃亡于津的含义，后称焦家大院。今"遄园"旧貌已荡然无存，仅留有焦家大院遗址，居民杂居，也已面目全非。解放

老会会帖印章，刻有"小关街锦衣卫桥和音法鼓老会全体仝心公拜"字样

后，在此基础上修建了"解放新里"。据会中老人回忆，还依稀记得大院当初的气势与规模。

另外一处焦家大院虽然没有这么传奇的故事，但是却和法鼓有很深的不解之缘。这个家族中多是依靠种菜为生计的农民，会中的焦敬恭、焦敬贤、焦岳武、焦岳阳等几代人都是这个家族的，可以被称为名副其实的法鼓世家，为锦衣卫桥和音法鼓老会的建设和发展做出了不小的贡献。

2.下处的故事

和音法鼓从一辈辈的老人儿口中，流传下来这么个故事。清末庚子年八国联军打中国的时候，和音法鼓的东西在菜园子的窝棚里搁着，那时候菜园子里有窝棚，看菜园子用的。正是兵荒马乱四处逃命的时候，会里几个老头在一起嘀咕，两个人说，会里的东西咱给它转移搁地窖里吧，要不外国人来了都给咱烧了。其他几个人贪生怕死，说命都顾不上，还操心这个。起先的两个老头不应，一定要搬，俩人搭着手开始往地窖里搬。俩人进了地窖的时候，其他几个人正往外边逃命，结果遇到外国人给打死了。又说，在闹日本人之前，会里的下处设在村里火神庙，一排房子最旁边一间。有一年，火神庙着了大火，一溜一共11间房，可巧的是，大火着了10间，就搁法鼓的一间没着。锦衣卫桥一带的人都觉得挺神奇。

3.尚师傅坟地

尚师傅坟地是锦衣卫桥附近居民信仰生活的重要场所。兴业大街有百余年历史，位于河北区中南部，北起锦堂胡同，南至狮子林大街，全长525米，天津老辈子人都管这儿叫"尚师傅坟地"。1879年前，今河北区一带出现了几个会道门，其一称"天地门"。当时在"天地门"中，有一位被称作"尚师傅"的人在兴业大街上居住，"尚师傅"名叫尚俊如，青县人。据传此人擅神仙术，能画符念咒、消灾祛病，20年间招收了许多信徒，并加入了"天地门"会。1902年，尚师傅因病去世，他的信徒、会众在他居住的地方修筑起一座庙宇，所以人们称为"尚师傅坟地庙"。据会中老人回忆，原来的庙门为铁栅栏式，里面是罩棚式大殿，柱子上有刘良壁、吴绍文等人撰写的楹联。大殿中间供有尚俊如的牌位，后面是一座露天的土坟包。庙里常年香火旺盛，庙的东、西两侧还供有关公、大肚弥勒佛、挑水哥哥、柳八爷、眼光娘娘、送子娘娘的泥塑。据会中老人回忆眼光娘娘身上挂着一吊吊布制的人眼，送子娘娘身旁是一堆堆小泥娃娃。自从建成这处庙宇，这里便热闹了起来。一些痴迷的信徒还把家迁到这周围。后来，此地建房成巷，随后，又出现了"尚师傅坟地前"、"尚师傅坟地后"等地名。过去每到初一、十五有尚师傅坟地庙会，有人进香，有人卖东西，非常热闹。还有很多人去尚师傅坟地庙领姜糖水喝，发水的是庙里面的老道。

这样的地名一直叫了三十多年。1934年天津县钱粮科长张华宜购地建房，以己名之"华"字命名尚师傅坟地为华安里。1938年改为华安大街。解放后，庙里的几名老道相继离开，庙也就逐渐不兴旺。1953年门牌整编时，取"百业兴旺"之意，尚师傅坟地改为兴业大街。"文革"后，这座庙还有，后来在庙边盖了秀山第二小学，因为小学扩建才将庙拆除。

4.善堂的由来

在尚师傅坟地庙的西侧兴业大街上，有一所秀山小学，是大军阀李纯（秀山）捐资修建的，附近百姓称之为"善堂"。李纯（1874—1920），字秀山，生在离尚师傅坟地不远处的河东水梯子大街东兴里，少年时家贫，父亲卖鱼为生。1889年考入天津武备学堂第二期，毕业后参加淮军，1895年转入袁世凯新建陆军任督队稽查先锋官，1902年任北洋常备军提调，后来任江西、江苏等省督军，1920年10月暴卒。

李纯唯利是图、为人精明，任职期间横征暴敛，拥有丰厚资财。但他热心于教育，1920年曾捐助南开大学建立了"秀山堂"，在天津的河北、河东捐建了三所"秀山小学"。其中一所在兴业大街尚师傅坟地，另两所在水梯子和黄纬路四马路东兴里。后来，学校被李纯后人改建为天津私立崇善东社小学校，1956年改称为兴业大街小学，原建筑陆续被拆改。据会中老人回忆，年少时曾路过这所学校，右侧为一排教室，往前是二道门，右手边是一幢类似四合院式的建筑，正北为带有传统形式的二层楼建筑，样式古朴，外形美观。

5.市长母亲赏赐现大洋

1936年的皇会，都说是为了庆祝当时的市长萧振瀛的母亲生日，这天她坐在正兴德茶庄观会。当时天气炎热，锦衣卫桥和音法鼓老会正行会至此，头锣一叫，大家中途停下来喝水，头锣再一叫的时候，大家马

老会会章，刻有"小关锦衣卫桥和音法鼓专用章"字样

上放下手中的碗继续表演。当时喝水用的是敞口的碗，大家顺手就把这些还剩一半水的碗放在了炊子上。当时会中有个挑茶炊子的人叫张庆德，那年六十岁上下的年纪，技艺十分精湛，可以说是锦衣卫桥法鼓历代挑茶炊子的人中公认技艺最高超的一位。张庆德都没理会茶炊子上的碗，继续表演，直到表演完放下挑子一看，居然所有碗中的水都点滴未洒。萧振瀛之母看了个满眼，对于他的技艺十分欣赏，马上用四十块现大洋打赏他。此事一时间被传为佳话，不但在玩会的业内深得好评，在整个天津卫都被广为传颂。会中的人一直以此事为荣耀，用这四十块现大洋做了八面灯牌。

第二章

会规与会况

一、入会及构成人员

  如果是本村的青年想入会，锦衣卫桥和音法鼓老会对其年龄、民族、职业基本没有限制。以会里老人儿的话说，没有绝对不能参加的人，玩会儿又受累又没有好处费，通常地痞混混儿也不往会里凑。会员职业上从前以菜农为主，解放后以工人居多，另外有从事教师、工程师等职业的人，也有少数无固定工作的人员。虽然职业、身份不同，参会的人完全是源自对法鼓的喜爱。从古至今，和音法鼓没有女性会员参与。一方面，法鼓表演是力气活，女性不适合；另一方面，也与传统社会中的女性社会分工有关，女子并不适合抛头露面表演。和音法鼓讲究的是世家玩会儿，如果家里老一辈人都玩儿会，那家中儿子辈儿、孙子辈儿的人也会参会，一辈儿一辈儿传下去。想入会的人并不需通过介绍人，也没有仪式，只要说明自己是哪个菜园子的，会中的人就会对这个人的底细知道个大概。老辈人说，玩儿会是个文明玩艺儿，那时候每家都愿意让孩子在会里玩儿，不招灾也不惹祸，还有管理教导的作用。玩儿会时，如果小孩不听话做错了事，会里的老人也能代替孩子的父母进行教导。对于外村想玩会儿的人，老会的态度便截然不同，基本不允许参加，因为怕会里精髓的东西被别的会学走。由此可见，老会在技艺的传承方面还是有较强的保守意识。

上世纪80年代，刚复会时老会的繁荣胜景

　　如上文所述，锦衣卫桥和音法鼓是乡亲会、子孙会，成员一般都是世家，这似乎是不成文的规定。在日常的晚上或农闲时，会员们聚在一起聊天、练习，会中老人是这样形容的："玩儿会玩的就是这一帮人的心气儿，大伙儿得心齐。"锦衣卫桥和音法鼓有几个大姓，张姓、郭姓、恽姓、管姓、焦姓、于姓和纪姓，大姓世家还曾出现过祖孙三代同时玩儿会的盛景。世家玩会儿完全是源于对法鼓的热爱，这种传承的责任感是自发的，自然而然地希望自己的儿子、孙子加入进来。和音法鼓老会内部十分团结，从相互之间的称谓里就可以感受到，即便是学艺、授艺也没有严格的师徒概念，称谓仍旧按照乡亲邻里的称呼。同辈之间按年龄大小称呼为"大哥"、"二哥"，有时也把姓也带上，对于会里的老人儿称谓要充分尊重，多数以"爷"相称，或者根据排行称为"二爷"、"三爷"等等。1984年和音法鼓恢复以后，对参会人员的要求不再像旧时保守、死板，局限于村里的人玩儿会，甚至贴出通知公开报名。但外地和外姓参与到老会的人，终归是少数。

虽然保守，但传统上和音法鼓会内没有正式会员和非正式会员的区分，只要玩儿会、为会出力的就是正规会员，不需登记、填表的程序。法鼓会是锦衣卫桥传统社会里乡邻间消遣娱乐的一种重要形式。会长张恩惠介绍说，一道会要想发展，一定要有玩儿会的，有办会的，有吃会的，三拨人组成，缺一不可。玩儿会的人主要有两种，一是指表演的会员，他们平时只负责出会时的表演。大多数会员从小就在会里"熏着"，对会的感情十分深厚。另一部分玩儿会的人是在出会时出力的人。比如负责出会时扛灯牌卖力气，也叫玩儿会。在他们的理解中，只是参与会的方式方法不一样而已，只要为会张罗的人都算会员，只是分工不同。一个抬鼓箱子的活儿就得好几个人盯着，鼓箱子的分量极重，就算体力十分好的成年人，一趟会下来也得换几轮。鼓箱子在会里是最珍贵的东西，抬鼓箱子的必须得是自个会里的人，知道爱惜。每到出会的时候，管事的人只要一句话"盯着啊"，剩下的责任就落到每个人身上了。从前会里有个罗二爷，不会演奏，但是人很热心，为会里跑这儿跑那儿，有时候还利用自己的关系为会做事儿，这也算玩儿会的一种。排练时，敲家伙的表演，不敲的在边上看，也是一种娱乐方式。

办会的人主要是指会中的负责人，会内通常称呼会头，会外称会长。负责组织会员、协调出会事宜、对外联络等工作，在资金困难时还需自己掏钱，可以说是整道会中事务最繁冗的。办会的人有的同时也参加表演，有的是单凭喜爱愿意出头露脸、累心累脑。法鼓老会作为一个老天津的民间组织，很大程度上依靠会头的个人魅力、感染力来维持。现任会长张恩惠介绍说，"会头最大的作用就是笼络会中的人，当会头一定要有威信，大家不服那就做不下去。出一场会，把方方面面的人聚齐了，就不容易。有时请个人得跑好几趟，如果会头的面子不大，那就麻烦了。往往有本事的人不好请，过去讲‘艺拿人’，家伙玩好了，有名气了架子就大，从前甚至还得抬轿子去请”。办会者要既能安内也能应外，必须是有能力、在社会上吃得开的人。

　　吃会的多由爱“惹惹”的人组成，虽然他们在出会时不表演，只负责跑腿，管理会务，但由于这些人往往有着心直口快的性格。每当遇到不出钱的商贾，吃会的人便会死缠烂打、三番五次地向他们寻求援助。若求财不成，他们便在社会上散布负面的言论。在他们的冷嘲热讽下，商贾们往往碍于情面而给予一定的赞助，这无疑有利于增加老会的资金来源。由于个人素质的参差不齐，这其中也不乏打着为会募资的名义，而将钱收归己有的人。此外，吃会的人往往对会务、表演之类的事情不太热心，所以在会中的口碑并不好。

二、和音法鼓老会的日常运行

　　法鼓是传统社区中乡民重要的娱乐方式之一。旧时，锦衣卫桥和音法鼓的会员基本以种菜为生计，冬日农闲时聚在菜窖子里练习。解放以及公私合营后，人们上班的上班，上学的上学，节日和假日是和音法鼓会员们凑堆玩儿会的主要时机。和音法鼓没有固定活动时间，平日里大家很少聚在一起，出会之前一段时间集中在一起练习。会里老人自豪地说，锦衣卫桥法鼓底子好，只要学会了，那就是扎上根了，时间再久都不会忘记，平时的练习就是磨合磨合。会员最为集中的玩儿会时间还是正月里，通常年前二十几就把家伙都折腾出来摆上，没有固定时间点，大伙儿都住得近，一招呼人就齐了。过年放假，大伙儿心情高兴，都盯着过年这段时间玩儿。20世纪50年代到"文革"前那段时间，每逢

上世纪80年代末，老会出会时新老两代会员的合影

"五一"、"十一"的假期，政府多安排庆祝活动，必邀请和音法鼓出会。若不出会，大伙儿愿意凑在一起消遣，不摆仪仗执事之类，只把家伙事儿拿出来敲。锦衣卫桥法鼓的群众基础好，虽说法鼓大部分都是铜器，敲起来音量大，但周围的老百姓从来不反对，反倒是家伙一响，大家伙儿放下饭碗就来看了。

平日会里成员各忙各的，要是需要出会，会头跟会中主事儿的老人儿一起开个会，称为"议呐议呐"（yì ne），研究商量出会的相关事宜，具体玩儿会的会员并不参与。1984年和音法鼓恢复以后，会里事务主要由纪富忠、张恩惠、恽恩甲、代锦良几个人共同商量合计，以什么形式参与，出会具体出哪些东西，商量好后具体分工，包括联系人员、组织排练和安排各种出会手续等等。会里各种角色都是自然而然形成的，不需要通过选举或是任命。一心为会、贡献多、会龄长的会员自然得到众人的信任，逐渐领起会里一摊事务，成为主事儿的人之一。过去会中有个叫郭刚明的，腿有一点残疾，一直负责会里器具的管理。每次出会前负责把器具倒腾出来，下了会过水、做卫生、整理、装箱等等。张恩惠从小跟着郭刚明一起摆弄，对会里的执事、器物比较熟悉。1984年恢复时期，老会需要重置各种器具、家伙，但那时会里老人大多已经去世。因为张恩惠曾经管理过会务，对于需要什么，到什么地方买，找谁定做，做成什么样子都比较熟悉，于是一一经手置办起了会里的器具。

锦衣卫桥地界儿小，和音法鼓一直没有大买卖家支持，会里经费主要靠会员赞助。锦衣卫桥以锦衣卫桥南北大街为中心，南头到小关，北头儿到臭河，从大鱼摊儿分开，南边儿一带很少有人参加，会里成员都集中在锦衣卫桥北头。要出会了，大伙有的拿三块，有的拿五块，有钱的人多拿，困难点的少拿，有喜好法鼓的村民，看到需要赞助，也掏几块钱。赞助虽然没有十分正规的形式，但是只要大伙一惹惹准就能办

起来，赞助的细目表格都在会里张贴公布。平日会里缺了东西，大伙儿
都自觉买来或是赊来。解放前和音法鼓有60面手旗，旗杆是实竹的，都
是种菜园子的会员们卖菜回来的路上路过竹货铺，挑好的实竹回来打磨
光滑、截开、上漆，手工制作而成。20世纪80年代和音法鼓恢复以后，
许多在工厂工作的会员，也常利用便利条件，主动用下脚料给会里做些
铁质钹、铙以及铜套等等。会里老人说，玩儿会玩的就是心气儿，心齐
了，会才能立得住。

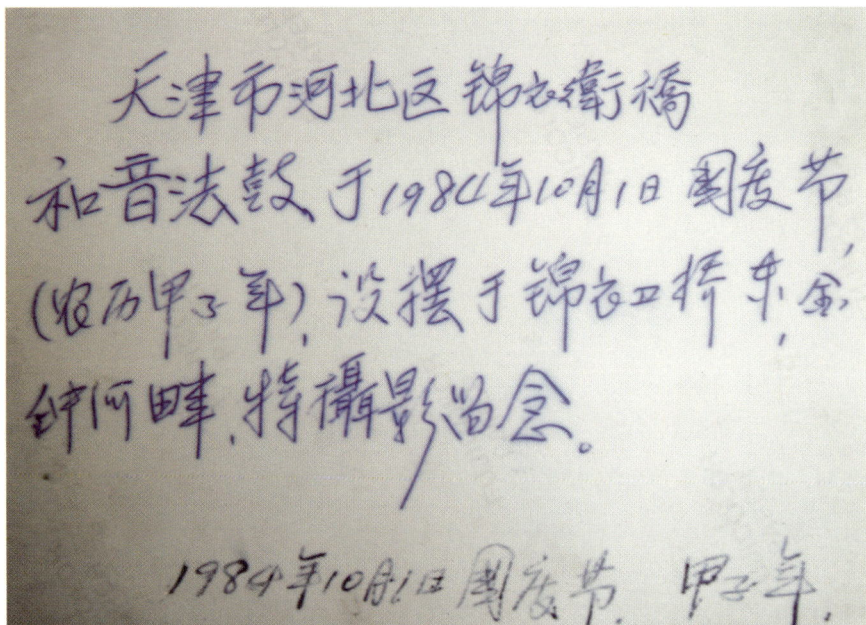

老会二次复会设摆时写于照片背面的说明

三、出会和设摆

1. 出会

一直以来，和音法鼓出会坚持的原则是与民同乐，不为官府出会，不为出名出会，不为赚钱出会。出会主要有三种形式：朝拜、朝圣和本地乡民的节庆娱乐。会与会之间的朝拜称为拜会。因为资历和辈分的关系，锦衣卫桥和音法鼓从来不主动对别的法鼓会进行朝拜，如果有别的会先拜，那么锦衣卫桥才会回拜。到寺庙出会称为朝圣，包括参加一般庙会和皇会。

和音法鼓不朝灵，但会中偶有几次为亡人送灵的经历，这种情况并不多见。比如1957年原会头张长青去世的时候，和音法鼓的会员们经过商量，决定为他敲一场法鼓送行，表示尊重和敬意。除此之外还有一次例外，年代不详。在东张胡同住着一户姓张的人家，丈夫在外面打工，妻子一个人在家，有一天妻子得到丈夫客死异乡的消息后，自杀身亡。当时这样的女子被称为"烈妇"。因她坚贞守义，政府出资为她办了场面隆重的葬礼，许多老会包括和音法鼓也参加了。

历史上也有几次出会，不属于其中的任何一种形式。民国时期，在锦衣卫桥有一个叫焦三庆的恶霸，有一定的地位和势力。有一年焦三庆的母亲过生日，想请和音法鼓出会，法鼓会自然不同意。焦三庆找了官府和社会上一些有头脸的人来讲情面，会头张长青和会中老人儿们商量了一下，最后同意出会，但是必须要答应一些条件：法鼓会不要钱，只希望能给会里置办一部分物品。最后焦三庆给会中添置了40个角质灯，其他的物件重新用二两金子"金"了一遍。

会头张恩惠介绍说，早年乡民自发出会的机会比现在少得多，几年才有一回。若是风调雨顺收成好的年景，一帮子老头坐在一起闲聊，商量一下说："今年年景好，咱们热闹热闹？"于是大家一起凑钱出会，是一种庆祝、娱乐的方式。老人说，那年头没有什么可玩的东西，又没有电灯，敲敲家伙也是为了给大伙解腻歪。有时候三年五年才出一次会，因为每次出会需要花费一定财力，会员与村民一同承担，若赶上年景不好，根本凑不齐出会的挑费。可以说，和音法鼓会完全民办，具有"家乡会"的性质，为老百姓服务，取之于民也用之于民。

乡民出会的日期主要在春节后的正月十五，年初一初二大家都忙于过年，正月十五赏灯游艺，是春节期间娱乐活动的高潮，也是出会的最佳时间。一般过了初十就开始张罗，要么出会要么设摆。法鼓里的不少执事上都带有灯彩，如茶炊子、灯牌、挑子灯、灯图等等里头都有灯蜡，既应了正月十五灯节的景，又着实亮眼和壮观。对此老人儿们说，晚上行会确实是好看，但是有一定的难度。所有的灯靠蜡烛点燃，由于灯多，点蜡、换蜡是项不小的开支，也是个费劲儿的活计。后来，蜡烛逐渐改为灯泡，夜间行会也逐渐成为历史。

截会是出会的看点之一。和音法鼓在本地出会，在固定路线上有几个买卖家或者人家是要停下耍一通的。若中途有主动截会的，看对方的身份、跟会里关系和周围群众的多少，头锣决定停或不停，演或不演。有意截会的人家特别讲究，把八仙桌摆上，上面搁几盒点心，搁一两条烟，茶水沏好，但多数情况法鼓会是不吃不喝的。头锣"铛铛"两下，行会一停下来就开始表演，以上擂为主，演完"铛"一声抬起来队伍就走了。出于感谢和尊重，主人通常把点心和烟卷递给会里的人捎着。对于买卖家来说，真心想截会，并且真截住了，在自家门口耍了一通，也是一种荣耀。

锦衣卫桥和音法鼓传统上出会之前要贴黄报，黄纸黑字，四尺整张，上写和音法鼓什么时间出会或是设摆，若是出会，会道如何安排，若是设摆，写明地点，都要郑重地告知当地乡民。黄报有相对固定的张贴点，会址贴一张，锦衣卫桥大街的街头上贴一张，通常在人群集中的显眼处。黄报表面的意义在于，请大伙去捧场。而对于和音法鼓而言，这是锦衣卫桥周围老百姓自办的一个乡亲会，到哪也离不开乡民，所以周围的乡乡亲亲都要通知到了。但1984年复会以后，参加社会活动多了，自发出会少了，逐渐黄报就很少贴了，多是把任务通知到人即可。

解放以后，法鼓会表演的性质有所改变，除了正月十五乡民自发出会之外，还为一些庆典日出会，开始为政府服务。在五一、十一等节假日或者其他庆典时，众多花会一起参加游行，场面相当热烈。20世纪80年代和音法鼓参加了民间广场联谊会，有需要出会的情况，市文化局通知区文化馆，再由文化馆通知到会里。这一时期有个特点，即使有大的活动，天津市的很多会都不出。即使知道会址在什么地方，会头是谁，

老会设摆时部分会员合影

但是必须有人去联络，联络人挨个找到会里，按照会规，用自己的脸面，把对方请出会。没有脸面的人，老会根本不理。这是传统花会组织的隐形制度。所以联络人非常重要，在文化部门和民间花会之间做了必要的衔接。在当时，和音法鼓的会头张恩惠和西堤头高跷庆音会头孙洪升充当了联络人这一角色，为那一阶段的天津广场艺术活动尽了一份力量。20世纪80年代，和音法鼓参加了天津南市食品街开张、运动会开幕式等一系列活动。根据活动规模的大小，上级部门还拨给一定经费，用于交通补贴，雇人，购置饮水、绳蜡等基本开销。

2. 出皇会

出会的最高规格便是皇会了，和音法鼓参加了1936年最后一次皇会。当年年仅16岁的纪富忠上了最重要的角色——鼓手，会头张恩惠介绍说，老的礼法在玩会的时候没有太多忌讳，因为是子孙会、乡亲会，大伙凑在一起玩儿，有长幼之分，但是没有尊卑之别，出会的时候谁敲得好谁就上场，并不根据年龄大小来区别。

和音法鼓会里关于皇会的记忆不多，只有已故的纪富忠和管四爷两位老人说过。能参加皇会是每道花会的无上荣耀，和音法鼓也不例外。直至今天和音法鼓成员依然引以为傲："皇会不是谁都能参加的，那得挨着挑，有严格的审核程序，要经过技艺的比拼，最后择优选择，能上得了会道的是少数。"皇会，是民间传统的游

曾使天津城"万人空巷、弥漫于途"的皇会

神赛会，也是天津花会的一个集中表演时间。对于天津法鼓，能出一次皇会是特别露脸的一件事，再者由于天津人对老娘娘（妈祖）特别地信奉，都愿意给娘娘"当差"。

和音法鼓所参加的1936年皇会，其中法鼓会有九道，宫音法鼓、和音法鼓、花音法鼓、平音法鼓、金音法鼓等等。由于法鼓有仪仗的性质，当年的法鼓会均得随驾，其中和音法鼓随的是灵官。关于当年的盛况，会里老人儿留下的信息不多，其中提到娘娘生日的前两天农历三月二十一，各道会要到娘娘宫向娘娘朝圣，在娘娘面前将最精彩的表演展示出来，然后在附近商铺设摆三天。给娘娘朝圣，据说有这样一个规矩，轮到法鼓朝圣的时候，前一拨法鼓会表演结束，出八个人敲着四面镗镗，带着四面手旗，去迎接第二拨法鼓；第二拨法鼓敲完，再出八个人，共十六个人去迎接第三拨，如此这般重叠。越往后镗镗越多，就难免影响到会里的敲法了。当天和音法鼓因故差点迟到，被排在最后面，在强大的干扰下本会里敲镗镗的老人儿压得住阵，点儿从容不乱，保证了鼓的正常发挥，整个演出获得成功，一直为会里所津津乐道。这种迎接是法鼓界的老规矩，既表示礼节，也有会与会间相互较劲的意思。

设摆期间一般白天设摆器物执事，晚上表演曲目。在娘娘宫附近的宫南、宫北大街上，摆满了各道会。娘娘宫的宫音法鼓离娘娘最近，设摆在戏楼上。其他会各自找地方。过去娘娘宫附近都是买卖家，花会设摆要占商家的地界儿，商家不但不能做买卖，还要把自己的东西拾起来，腾出地方来给玩意儿会。要买卖家肯腾地方，必须得有一定的交情。当时锦衣卫桥和音法鼓跟娘娘宫附近一家槟榔铺关系比较好，设摆在铺子里。因为会中的恽国邦在娘娘宫的宫北一带卖菜，买卖家吃他的菜吃出交情来了。槟榔铺的老板主动邀请锦衣卫桥和音法鼓来铺子里设摆，就这样，和音法鼓在皇会期间有了暂时的下处。设摆花会不需给买卖家报酬，但是作为感谢，花会通常要给他们表演一场。最终，商家也不会要各道花会白白表演，会给予相应赞助，或者送些鲜货、茶叶、点心之类的物品。

据会中老人们回忆，1936年皇会时掌握娘娘宫附近供电的是一家比利时公司，一到晚上便停止供电。当时会中有个叫王左清的会员，他曾当选过"国民大会代表"，在当地有一定社会地位和交际能力。经过他从中协商，比利时公司负责供电的相关人员同意锦衣卫桥法鼓可以私下里扯线安装电灯。这天晚上，整条街除了和音法鼓所在的槟榔铺灯火通明外，其他的店铺只能靠点汽灯照明，锦衣卫桥法鼓可是出尽了风头，彰显了老会的实力。

皇会这样的场合，各道会争相展示自己的看家本领，正是出彩儿、炫耀、露脸的机会，会与会间比拼谁的技艺高超，谁的执事华丽精致，皇会既是一个表演舞台，也是相互攀比、暗地里较劲的擂台。参加1936

老会设摆时，三位前场"挑挑儿"会员的合影

年的皇会，和音法鼓得到了政府发给的补贴，数量不详，除了出会的挑费外，剩余的钱都置办了物件。

3.设摆

设摆，不同于出会，是就地表演和展示的形式，同时可供群众近距离观赏会里考究、精致的仪仗执事。设摆有皇会时各花会集中参与的设摆，也有各道会自发举办的设摆。旧时，皇会是从农历三月十五日开始直至农历三月二十三天后娘娘诞辰日为止，共计九天。这期间除了十六日、十八日、二十日、二十二日四天有行会表演外，其他的五天时间为民众的进香朝拜日。各花会到娘娘宫朝拜表演之后，在附近商家的店铺里设摆。皇会期间，娘娘宫附近的宫南、宫北大街上摆满了种类各异的老会，有专门坐会设摆类的，也有一部分玩意儿会设摆。玩意儿会一般白天设摆，晚饭后进行表演，其中法鼓会数量最多，1936年法鼓会多达九道。也有部分种类的花会不允许或不适合参加设摆，如中幡、龙灯、狮子等会种。

当花会自发设摆前，通常发帖邀请各道会前来捧场，因此设摆是花会之间往来交流的一个重要的场合。传统设摆，首先选一个合适的空场搭棚，如同做一个舞台，把家当都展示出来。有时条件允许搭一个台子，比地高一点，把执事摆上，群众容易看到。即便不搭台，棚子是必须有的，顶子、四周围需要挡住。旧时有棚铺买卖，红白喜寿事或天热时专门给人搭棚。传统设摆搭棚，一般是搭三个。中间是法鼓会的棚子，两边一边是水站，专供喝水的，比如清竹堂；另一边是负责消火的水会，即当时的消防队，常称某某局，两者都是旧时民间自发的公益组织。锦衣卫桥一带有个同善八局，便是这样的性质。从搭棚来看，当时的各会都非常重视安全，由于会里珍贵的执事器具多是木头做的，安全防火的意识自古便有。和音法鼓设摆时，无论是水站还是水会，都是锦衣卫桥社区内的公益组织，自然而然地主动支持、参加，甚至清竹堂的成员也有在和音敲法鼓的，这种地缘的、民间的、公益的元素让不同的会之间产生了天然的认同和互助关系。

一般设摆搭的棚有大概的规制，如同一个扁形的戏台，进深、高和宽都有一定比例。设摆时，鼓箱子摆到正中后边，一般两个香袋挂在抬鼓箱子的两个杠上，鼓箱子后边是纛旗，上有"和音法鼓"几个字，鼓前面有一张桌子，钹、铙等乐器一溜摆开，再前面有茶炊子、圆笼、软对、硬对、灯牌、高照等执事，多成对分立两边。一般设摆持续三天，执事、器乐在棚内摆着，表演时人到棚外，棚内空间小，上播的时候施展不开。有了电灯以后，设摆的时候灯彩就不使蜡烛了，拉上电线，将蜡烛换为灯泡，效果比蜡烛明亮，却少了些许古朴柔和的味道。

和音法鼓在20世纪80年代复兴后不久，进行了一次长达半个月的设摆，设摆地点在锦衣卫桥大街桥口。设摆是由北京牌电视机赞助，搭了将近30平米的帆布棚子。设摆之前，提前给与和音法鼓有过来往或是名声大的会下帖，告知对方设摆的时间和地点，希望对方能够光临。当年到场拜会的花会不少，给会里老人留下深刻印象的是，陈塘庄的会是开汽车来的，场面很大，既显示了陈塘庄的实力，也壮了锦衣卫桥和音法鼓的"面子"。来拜会的会严格遵守传统规矩，有的提了锦旗，有的买了镜子，有的提了点心，有的买了水果，有的会自己带了家伙，也来耍一套。

只有财大气粗的会，才能够在设摆时给前来拜会的客人管饭，和音法鼓显然不属于这一类。但是据说20世纪30-40年代的一次设摆，和音法鼓管了三天饭。到场的客人每人发给一个盘子，拿着这盘子到管饭的独立大棚里，十个人坐一桌，凑够十个盘子，就给上席。带着骄傲、神往和怀念，老人说，我们和音法鼓曾经有过那么一次。

四、学艺与传习

和音法鼓技艺的传承，靠的是歌谱传习和言传身教两种方式。歌子以"×"、"光"为符号标记铙、镲两种乐器点记在歌谱上。学法鼓的孩子先学会六套歌子，最后学习飞谱和动作。

新入会的小孩都从镲铬敲起，镲铬的技巧并不十分复杂，只需重复一个节奏，掌握住开始和结束的时间就可以了。参加法鼓会的孩子基本都是世家玩儿会，家里长辈出会都跟着看，回家也听家长念叨，所以大多数孩子一到会里，拿起镲铬就能敲。镲铬敲得差不多了，正式学艺要从念谱子开始。一般师父先领着念，先讲明白谱子上的意思，"×"代表铙的点，"光"代表镲的点。随后再讲明"开家伙"时的事项，在哪里"反复"等基本问题。因为谱上不标注节拍，譬如念出的歌子中"恰一恰"中的"一"实际没有声音，代表空拍，用"一"替代。所以如果师父不一字一句地教读，只凭谱子学员是看不出轻重缓急及停顿节奏的。以鼓为例，学鼓时老人儿要强调敲出轻重来，敲出阴阳点来。比如咬五套中"恰恰恰，恰恰"一句，其中有的"恰"为轻声，有的为重音，能敲出分别来才好听。所以即使有歌谱、飞谱这些书面教材，但是最精华部分的知识还需要依靠口传身授，只凭字面意思并不能领悟出其中的秘诀。学会念谱子后，按照镲、铙等乐器进行分开练习，熟悉各自的节奏。检验谱子是不是练熟，有效办法就是大伙在一起拍手，用手代表铙、镲，按各自节奏拍打，检验相互配合的效果。即便背熟了谱子也不能马上摸真家伙，制作镲、铙的材质是铜，价格比较高，因为怕新会员们手上功夫不到，会里专门做了一套铁质的铙、镲，给学员们练手。铁铙、镲的尺寸较正式表演的铜铙、镲要小，缨子短，重量差不多。只有把铁镲、铙敲得很熟练了，才有资格摸到真正的铜家伙。

把歌子敲得十分熟练之后才能够学习上擂，上擂的敲法并不复杂，难点在于"飞"的动作。钹、铙动作必须干净利落，动作幅度要大，时间要准，需有武术的潇洒和精准。上擂最能体现出言传身教的作用，演示、讲解、练习之后，会员们进行单独表演，老师决定是否合格通过，整个过程十分严格。

对于新学艺的成员，大家伙钹、铙只学其一，但事实上会内的大部分人两种乐器都会。这是因为，只要学会了其中一种，所有的歌子都练透了，用心的会员只要稍加练习另一种乐器的敲法就可以上手了。

一般来讲，上岁数的老会员们演不了上擂了，就退下来敲铛铛。所以在会里敲铛铛的许多都会敲钹、铙。此外，新入会的每一批成员之中，也会安排四个人专门学习铛铛。

鼓在会中占据着最重要的位置，是会中之魂。学鼓都要先从学铙、钹开始，然后慢慢转到学鼓。鼓在传承方式上同其他乐器有所差异，基本以自学为主。学鼓并没有指定师傅教授，主要靠自己看、练，长期在会里"熏"着。看别人怎么敲，自己回家后勤奋练习，渐有长进。同其他乐器一样，练鼓一开始也摸不到真正的鼓，一般先用板凳、笸箩之类当鼓，手指、筷子当鼓楗子，练鼓的过程往往较其他乐器更加艰辛。

和音法鼓历史上公认的第一代鼓王是孟五爷，第二代鼓王是纪富忠。据说孟五爷从未教过纪富忠，纪富忠本是敲钹的，在菜园子学了整整三个月，私下偷听偷学孟五爷敲鼓，留心体悟、刻苦练习，才成就鼓王的身份。艺高拿人，是天津花会文化中天然的一部分。孟五爷不在锦衣卫桥，而是住在兴业大街，平常日子不来，到和音法鼓要出会了，得去租清朝的服装，准备轿子专门去请他。虽说当时会里能敲鼓的不光孟五爷一个人，但是敲得有好有差，效果绝不一样。有一次出会前，纪富忠打了一套，孟五爷听了心里暗惊，知道拿不住人了，从此就逐渐隐退了。同样，纪富忠也未曾教过新会员敲鼓。他曾经在会里夸奖恽恩甲的鼓嘟噜打得脆，算是对新鼓手的认可。每一伐学员里都有多个愿意敲鼓和能够敲鼓的，新鼓手们经过在会里跟其他乐器经常配合、磨合，合作起来"最对劲儿"的一个鼓手逐渐得到大家的承认，慢慢开始承担一些重要的出会任务，往往鼓手的成长，靠的是个人的努力和悟性。新鼓手对老鼓手十分尊敬，凡事儿让长辈上场露脸，需要时给长辈替换、分担。每到演出节骨眼儿的时候，大家相互谦让，通常是技术过硬的鼓手上场，无论长幼。

每一伐新学员，总有学得快慢不同，水平不同。在安排表演的时候，学得快的总是先有出会的机会。对于新上场的学员，会里还是很慎重，和音法鼓资历老，有一定声望，更怕出问题把会裁了，一般不敢随便让新人上。在老会传统里，艺高拿人是一种普遍的现象，这种端架子的现象也激发了年轻学员们努力去超越前人，打破一人独大的局面，推动法鼓的传续与发展。和音法鼓的最后一批学员是在1984年复会时培养的，此后再没有招新，出会表演的都是老会员，只要稍加练习磨合，可以现抓现用。对于这一点，和音法鼓很自豪，老人儿们说，会里培养出来的学员底子好，只要学完了，就是扎上根了，再想忘也难了。

五、会规

民间组织里面有许多自然形成的规矩，既没有人制定，也没有人解释由来，但是大家都会自觉遵守，作为约束自身思想、行为的准则。和音法鼓的老鼓王纪富忠生前总强调一句话："法鼓是个文明、雅致的东西，这里面的文化、规矩多了去了。"和音法鼓的会规以口传心授为主，没有成文的规章制度，全靠自觉遵守。一提到规矩，法鼓会里有句俗话形容，"不懂规矩别乱操旗杆"，说的就是想玩会儿，必须先遵守规矩，能撑（掌管）事儿的人必须得懂各方面的规则。

（1）新入会的成员必须得服从指挥，要"规规矩矩的"，不能乱摸乱动会里的器具。过去老人们手里都有鸡毛掸子，要是小孩子在会里调皮乱触碰东西，便会直接打在手上。演出时，不敢自己要求上场，只有老人们网好了家伙后，吩咐哪个人上，小孩子才敢去摸乐器。

（2）会规中最基本的一条要求就是不能打架闹事。在出会的时候，老人们常叮嘱说，出去以后不要乱说话、找事儿，更不能打架。

（3）出会的时候，民众所赠送的点心不能马上打开食用，一定要放到点心挑子里，等其他会员挑到会所中食用。民众、商家摆在门口的表示欢迎的点心、茶水，会员们都不能食用，否则便被认为是没出息的表现。

（4）会员要有珍惜老会器具的意识。和音法鼓资金并不宽裕，通常对待器物十分小心珍惜，后逐渐形成优良传统。例如，每出一次会，都要对所有的器具进行整修。首先对角质灯之类的易损物品进行检查，有损坏的要及时修补。花牙子都要过水清洗，然后擦干，用棉花偎住然后用纸包好，打成捆儿放回固定的箱子中，最后还要将箱盖用纸封起来。所以无论下次出会的时间间隔了多久，会中的器具也都十分漂亮干净。

通过这样的保管，可以延长器具的使用寿命。以至于很多人看到和音法鼓的器具后，都以为是新"出水"的。

（5）会里的器物绝不能私自带回家。无论下会的时间多晚，多么劳累，每个人手中的器物绝对要归置到下处，检查好以后才算出会结束，不能以任何理由将会中的器具带到别的地方。

（6）会里的器具不能外借，歌谱不能外传。据会里老人听祖辈说，从前各法鼓会之间器具是可以随便借用的，但因为损坏之后责任不好追究，便在一些器物不十分明显的地方刻上了"河东锦衣卫桥和音法鼓不准外借"之类的警告字样。此外，老鼓箱子内侧也刻有"顺治三年制，不准外借"的字样。为保护会里的歌子不外传，歌谱上印有"本会使用，不得外传"字样。而今，这一规矩已经打破，只要是喜好法鼓的人，老会员们都愿意无偿地传授技艺。

六、会与会的交往

天津的老会中有一定等级和辈分的观念，尤其在同一会种之间。

会与会的交往之中，会帖起到了十分重要的媒介作用。首先，会帖代表着一个会的门面，每一张会帖的信息量涵盖丰富，如同今日名片、介绍信、请柬的综合功能。每逢出会，队伍前头都有一个或两个人背着"香袋"的人，负责下帖、换帖、收帖。"香袋"俗称"帖兜子"，内装该会的会帖。一般用杏黄色底儿的绸缎做成，黑色条绒边儿，有长背带，斜挎于换帖人身上。除了出行携带方便换帖的帖兜子外，每个会还有正式保存会帖的帖盒。经济条件好的会，非常注重帖盒的制作，从选材到工艺都十分考究。会帖本身为一张写有会名的红纸，和音法鼓的会帖上面写有"小关街锦衣卫桥和

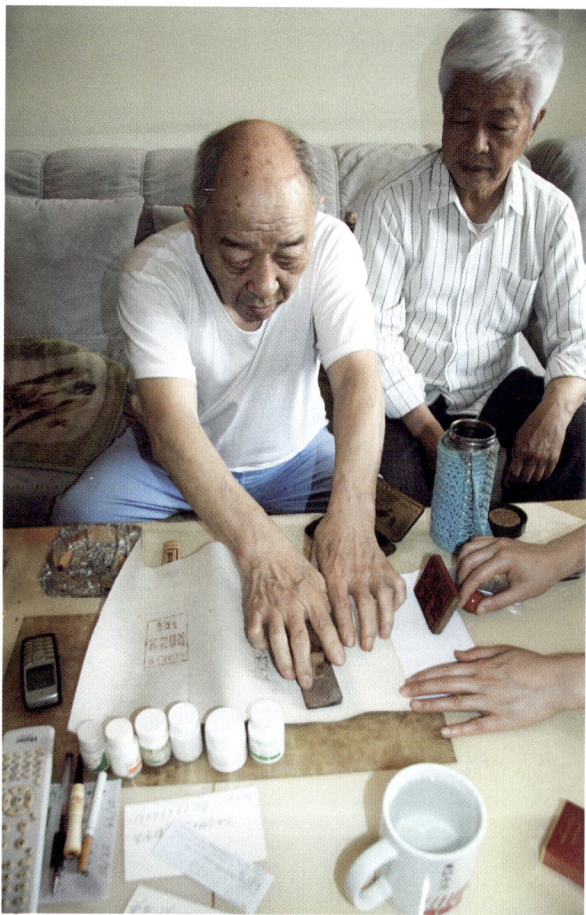

时隔二十余载，张恩惠与恽恩甲再执老会的会印感慨万千

音法鼓"等字样。

　　会会相见规矩繁冗。出会的时候两会相遇，无论是与法鼓会，还是与其他表演形式的会相见，一定要互相打招呼示好。两道会在任何场合相见，必须要交换各自的会帖，俗称"换帖"。凡能够亲手换帖的，要么是会头，要么是会里有脸面有威望的老人儿。旧时的社交礼仪也不同于现在的见面握手问候"你好"，而是见了对方的会要先作揖，向对方说："王大爷、张大爷，老几位辛苦辛苦！"见面换帖之后，会里有了对方会的帖，证明两会曾有过交往。

　　假如两道会在行会当中迎面碰上，头锣要"铛"地一敲，所有乐器必须马上停下，不能再敲。不管手里拿的什么，要马上举起来，放于头顶以上，相互行礼。敲鼓的把槌子举起来，铙、钹把手里的家伙举起来，如果来的是高跷，头棒或者小锣也把自己的家伙举起来。从前节日里活动多，碰面的机会也多。按传统规矩，要等两道会错开"一箭之地"的距离后才能开始表演。这里所讲的"一箭之地"，差不多是一百步的距离。若遇见不懂得

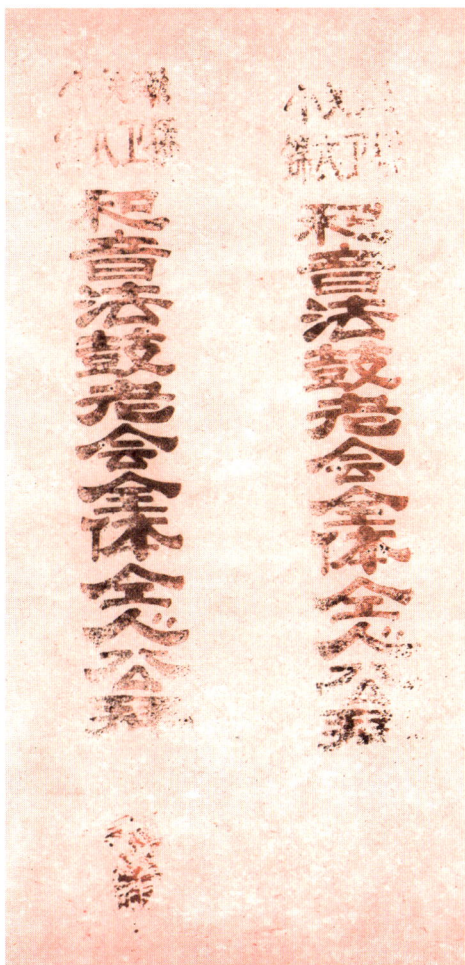

过去盖在会帖上的会印

规矩的会，可能会使对方感到不受尊重而引发冲突。

平常或设摆的日子，会与会之间也有相互到对方的下处拜访的情况，俗称拜会。在法鼓界，锦衣卫桥和音法鼓较有资历，因此在与其他会的交往上往往要注重尊严，用老人们的话说就是"有一些架子的"。如果原来没有打过交道的会想下帖邀请，和音法鼓基本不会理会，必须找原来有交情的会前来游说，两会熟悉之后才会去拜访。

前往其他会拜会，是要做一番准备的。要么只去几个会中有"能耐"的人，要么是按照正式出会的形式过去，带着自己会中的表演器具。前者看似随意，实际上是组了个技能齐全能表演的班子。倘若双方都是法鼓会，通常会各表演一套。到会以后，主客间必须相互谦让要对方先敲。虽说已经做好了敲的准备，到了对方的下处也得假装为难，这是交往的规则。若是行会过去，那对方的迎接更要显得隆重、讲究一些。解放后出会的手续十分繁琐，路程又远，行一次会并不容易。如果允准行会来拜访，说明两会之间的关系十分密切，有不薄的交情。

前来拜访的会通常携带成盒点心做礼品，若是对方设摆，还要用红纸写一封简单的贺信，祝贺对方设摆成功，署好会名落款，搁在点心盒上，用绳捆好送来。有一段时期，拜会双方流行赠送镜子或礼券，礼券印在一张红纸上，封好送到对方会所内，可以带着礼券到指定的店内提货。礼券里的具体内容不同，较为常见的是四斤糕点或者鲜货（水果）。主人一方则照老辈子规矩准备点心、茶水、香烟作为回礼招待客人。

通常，不同种类之间的花会不如同种花会之间的交往频繁。与和音法鼓在同一区域之内有一道小关高跷会，这两道会虽然相隔不远，但是几乎没有公对公的来往。会与会之间的交流，基本上是因为会员间的私人交情。这种现象的产生主要是因为不同种类的花会之间的表演方式、风格、内容差异很大，所以交流和切磋的机会并不多。

七、会与民商的关系

无论城里的会或是城外的会，都是老百姓和买卖家拿钱赞助的。天后宫庙会是在妈祖信仰的影响下形成的，天后宫附近的商贸活动在天津卫筑城设卫之前就已经开始了，明弘治六年（1493年）在城外增设法定集市"五集一市"，其中的宫前集，又分宫南、宫北二集，每月逢初一、十一、二十一行集。这个地方可被认为是天津最早的集市之一。因此娘娘宫附近的花会因依附于周边的商家赞助，一般较为阔绰；而郊区的大商家并不多，自然获得资助的机会较少。和音法鼓会员的构成十有八九都是菜农、工人等穷苦大众，因此在经费上并不宽裕。

玩儿会凡事讲交情，商家赞助也一样。解放之前，和音法鼓出会或设摆，先在周围一带的小店铺寻求经费支持。虽然没有大的买卖家，只是杂货铺、肉铺、包子铺、果子铺之类的小商家，但大多数的买卖家愿意资助和音法鼓。一方面本身民众对法鼓十分喜爱，愿意看和音的表演，再者和音法鼓是"家门口"的老会，民众也以其为荣耀。商家资助的方式也有所不同，有的商家给予资金资助，有的商家直接提供实物支持，如杂货铺、蒸点铺会根据会中的需要赠予日常用品。除此之外，小关街办事处也给过和音法鼓很大帮助。1984年复会时，街道曾经拨款3900元用来置办会中器物。电视机厂也为和音法鼓提供过赞助，老会出会时要给电视机厂进行广告宣传，每次出会都带一面旗子，上写"北京牌电视机"，设摆的时候也把旗子挂在显眼的地方，这种现代典型的赞助形式在20世纪80年代不能不说是一种对新事物的尝试。大中华橡胶厂也曾赞助过100元钱。对于曾给予老会帮助的每一个人、每一户商家，和音法鼓老会都会记录下来，心存感激。

在皇会期间为法鼓会提供设摆场地也是商家的一种支持方式。过去在娘娘宫的附近都是商家开的小店铺，如果花会同商家有交情，就算是要商家不做生意借给法鼓会设摆，商家也会十分乐意，当时整条街上基本每户商家都有一道交好的花会。

今日娘娘宫附近商家截会时所摆的贡品

第三章

程式与技艺

一、和音法鼓行会阵形

锦衣卫桥和音法鼓，主要由文场、武场和各种执事组成。文场、武场也称前场、后场，前场指的是各种执事及茶炊子表演；后场由鼓、钹、铙、镲铬、铛铛五种打击乐器组成。执事以各种形式的灯彩儿和旗子构成，做工精致，力求华贵，出会时包围、穿插于队伍中，是法鼓会的仪仗部分。出会时，所排列的阵型和队伍需按照一定的顺序，规范严格。

站在队伍最前面的是掌头锣的人，他负责行会时同其他花会的联络及对本会发令。出会时，无论是行是停，全靠头锣向大家发出信号。过去在出会时人员众多，队伍绵延数十米，头锣起到传递信息的重要作用。对掌头锣之人的要求十分严格，首先要对皇会的老规矩熟悉，还要见多识广，有出会经验。头锣不能直接用手提，要将其放在梯子型的锣架中间。锣架刻工精致漂亮，有穗子、绒球装饰。掌头锣之人一手端锣架，另一手持木槌，不像普通敲锣一般侧敲，而是向前击打，"铛……"声音洪亮而悠长。头锣身后，是两个背着香袋的会员，香袋内装有老会会帖，俗称"帖兜子"。

之后是法鼓的前场，由各种执事及茶炊子构成，执事器具大多成对，总体呈对称分布。次序为：一对门旗、一对气死风灯、四对高照、两对软对、两对硬对、四对灯牌，所有的灯、旗上均有"和音法鼓"或"锦衣卫桥和音法鼓"字样。行会时，行走于队伍前面的门旗所起到的是标识作用，众人一看便知道来者何会。这些执事器物，一方面展示了法鼓会的历史，另一方面也显示了会里的经济实力。此外，执事中最大的一面旗帜——纛旗，也称软图，安排在了后场位于鼓箱子后。"纛"字本念"dào"，在天津法鼓会中通常读作"dū"。纛旗旗面尺寸宽一米多，近两米长，上写有"锦衣卫桥和音法鼓"字样，颜色醒目鲜明，颇有气势。纛旗上方是做工考究的旗顶，雕有精致的花牙子，挑起的旗架两端雕有龙头，龙头上拴着绒球，龙嘴里含着穗子。因旗面用料考究，多用丝绒布做成，所以重量也十分可观，没有力气的人是根本搬不动的。若赶上大风出会，甚至需要三四个人同时掌握。纛旗后边是灯图一面，灯图犹如旗杆伸出好多枝杈，形如树冠，上边小底下大，每一枝便是一盏灯，每盏灯上写有一个字，构成"河东锦衣卫桥和音法鼓"。整个行会队伍四周由手旗和挑子灯围起来，手旗为长方形，约80厘米长，50厘米宽，分布在会的两边，队伍后面是挑子灯。有时挑子灯和手旗插空站，一个手旗穿插一个挑子灯。它们在外围作为屏障，防止行人横穿队伍，起到维持出会秩序的作用，同时也能彰显和音法鼓的气势和风采。

在队伍先头的执事之后是展示挑功的器具性表演，顺序和数量分别为两幅炊子、两幅圆笼、两幅样筲和两幅茶筲，统称为"茶炊子表演"。过去出会时间较长，为行会准备的吃喝穿用全都随会带着，后来为了好看，便逐渐演化出既有实用功能又有表演功能的茶炊子器具。例如：为了长途行会时能喝到热水，茶炊子有加热、保温的茶炉，炊子上放有洋壶和配套的盖碗。茶炊子工艺精致，四角有角质灯，壶上装饰有龙头、绒球，挑起来灯和绒球随着扁担上下颤动，十分别致。圆笼、样筲和茶筲，从前盛的是点心、干粮、生水和茶叶等，随着对器物制作上的精益求精，逐渐地都演变成法鼓里的装饰、表演道具，共同构成了今日的"前场儿"。

前后场之间是二锣的位置。因为行会的队伍浩荡悠长，二锣在中间起一个传递和放大信号的作用。头锣一叫，整个队伍开始行会。二锣一敲，后场的家伙开始响，可以说，二锣是专给后场听的。二锣同头锣一样，必须从会中较为德高望重的人中选出。

后场人员通常称为"敲家伙的"，具体由铙、钹、鼓、铛铛、镲铬五种乐器的演奏者组成。在较为隆重的场合中，如皇会、大型庙会时，后场需要钹八名，铙八名，镲铬四名，铛铛四名，鼓一名。在一般场合中，人数可以酌情减少，但除了鼓外，其他乐器必须为双数，如：钹四名，铙四名，镲铬两名，铛铛两名，鼓一名。相传，五音联合从佛门传出，这五种乐器原为和尚的法器，法鼓演奏是他们比武时所伴奏的音乐，因此有紧有慢，有张有弛。而上搬环节（和音法鼓称之为"飞"）的一招一式，如托天走地、扯旗儿、左右跨鼓等动作，同寺庙里的武术姿势有异曲同工之妙。后场中最前面的乐器是钹、铙，与队伍同向，左边是铙，右边是钹，两两相对，各自站成一排。铙、钹数量多为四、六、八等双数，具体数目根据场合而定，但一名头钹，一名头铙是必不可少的。铙、钹正后方是鼓及鼓手，鼓是后场的中心和重心。过去出会时，鼓要放在特制的架子上，旁边有四名以上身强力壮的人负责抬鼓行进。铛铛和镲铬要分列于鼓的两侧，一般为镲铬、铛铛各四名，同样根据场合的需要，可多可少，但是铛铛和镲铬数量必须相同。后场的五种乐器表演是法鼓艺术的重点和精华，尤其"上搬"部分是观众最为期待的表演，也是和音法鼓引以为豪的绝活儿展示。

出会的人数没有固定的要求，根据场合及会员的多少来决定。在整个队伍阵形当中，即便是较大的场合，前场茶炊子表演和后场器乐表演的会员不过三五十人。多数人负责挑举各种执事，包含有气死风灯、软对、

硬对、灯牌、高照、灯图、软图、手旗、门旗、挑子灯等等，还有后场中
抬鼓箱子的会员、五种乐器的替换表演者及各方面的协调者等。若出全了
会，大概要在一百五十人左右。

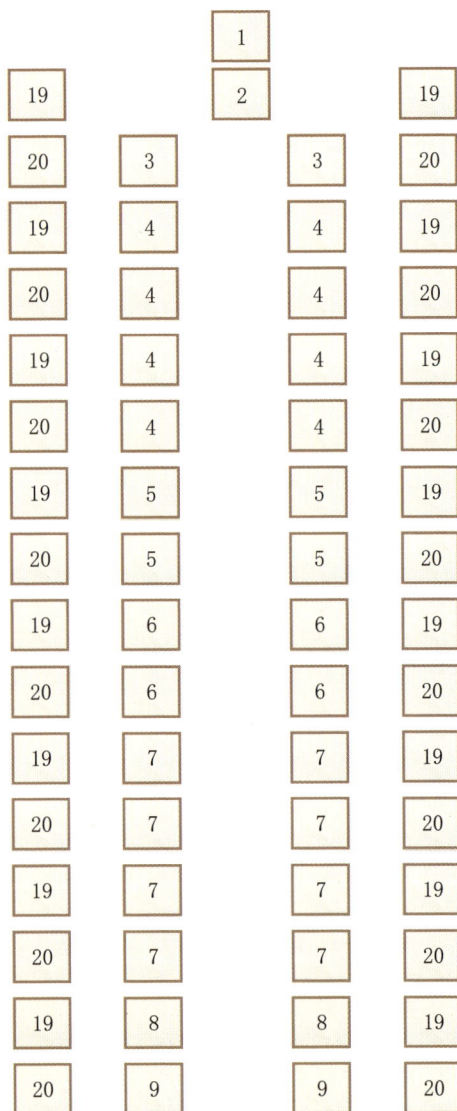

		1		
19		2		19
20	3		3	20
19	4		4	19
20	4		4	20
19	4		4	19
20	4		4	20
19	5		5	19
20	5		5	20
19	6		6	19
20	6		6	20
19	7		7	19
20	7		7	20
19	7		7	19
20	7		7	20
19	8		8	19
20	9		9	20

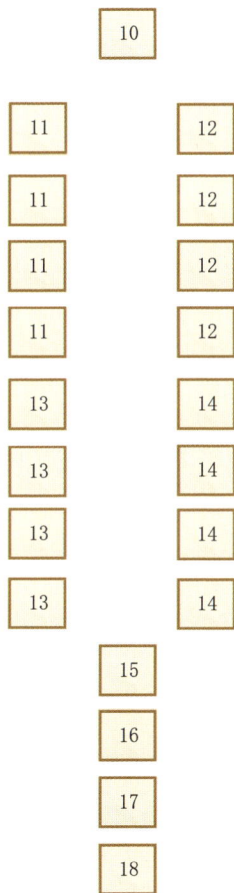

```
          ┌────┐
          │ 10 │
          └────┘

┌────┐              ┌────┐
│ 11 │              │ 12 │
└────┘              └────┘

┌────┐              ┌────┐
│ 11 │              │ 12 │
└────┘              └────┘

┌────┐              ┌────┐
│ 11 │              │ 12 │
└────┘              └────┘

┌────┐              ┌────┐
│ 11 │              │ 12 │
└────┘              └────┘

┌────┐              ┌────┐
│ 13 │              │ 14 │
└────┘              └────┘

┌────┐              ┌────┐
│ 13 │              │ 14 │
└────┘              └────┘

┌────┐              ┌────┐
│ 13 │              │ 14 │
└────┘              └────┘

┌────┐              ┌────┐
│ 13 │              │ 14 │
└────┘              └────┘

          ┌────┐
          │ 15 │
          └────┘

          ┌────┐
          │ 16 │
          └────┘

          ┌────┐
          │ 17 │
          └────┘

          ┌────┐
          │ 18 │
          └────┘
```

行会示意图

1. 头锣；2. 门旗；3. 气死风灯；4. 高照；5. 软对；6. 硬对；7. 灯牌；8. 茶炊子；9. 圆笼；10. 二锣；11. 铙；12. 钹；13. 铛铛；14. 镲铬；15. 万民伞；16. 鼓；17. 蠹旗；18. 灯图；19. 挑子灯；20. 手旗。

二、表演程式及变迁

1. 传统表演

过去正式出会前，老会没有祭拜仪式，但有先在下处敲一通的传统。把此次出会所用的执事、器材准备好后，要根据会道的方向，先在下处门口或社区桥头表演一番。头锣在表演结束后，开始叫锣，整个队伍才可以行会。据会中老人介绍，这个传统一方面可以通过预先的演练顺顺手，壮壮会员们的士气；另一面也是出于礼貌，跟周围的乡亲告个别。上世纪80年代以后，步行行会的方式逐渐改变，取而代之的是利用交通工具到达现场直接表演。在会所前表演的环节也逐渐地省略了。

传统的整个行会过程中必须要有乐器伴奏。头锣"铛"地一声叫锣后，前场中旗子、灯彩儿等执事儿要打起来，茶炊子要挑起来，后场中的五种乐器也要网好家伙，做好表演的准备。二锣一叫"铛"，后场的乐器开始响起。鼓先起，一直敲"咚咚咚咚"的鼓点，速度越来越快，催促未做好准备的人员，这个过程叫

敲铙者

作"哨鼓"。鼓一停,头钹"铛、铛、铛、铛"敲四下后,其他乐器一齐起。头钹所敲的四下称为"开家伙",是表演开始的标志和信号。经过开场的套路,就转入敲常行点了,要是行会,队伍就随着常行点节奏走了起来。前场茶炊子表演也称"挑挑儿的",按照常行点的节奏走。行会时,鼓箱子如果仍然横在敲鼓人的面前,不好敲也妨碍走路,通常抬鼓人一前一后顺着向前走,敲鼓人走在鼓的左边,右手敲鼓,不打花点,只打单点。假如行会时间长,铙、钹等大家伙就不敲了,只留铛铛、镲铬跟鼓三种乐器。

行会过程中,如果遇到两会相遇、截会及突发状况等,头锣敲"铛、铛"两声,二锣也跟着敲"铛、铛"两声,整道会必须听从指令住点。若是截会需要表演,鼓杆子横过来,鼓手仍换到鼓后的位置,但手里鼓点不停。鼓手必须紧密注意铙、钹的动态。五种乐器要站好各自位置,网好家伙,鼓、头钹、头铙眼神交流后,示意大家准备要"耍"了。这里的"耍",也称为"飞",是对上擂表演的俗称。整场表演均以上擂作为高潮和结束,时长约5-6分钟,因为其中的动作幅度大,鼓点激烈,最能体现表演者的体力、耐力、灵

敲钹者站立基本姿势

活度及技艺的精准度，是观众最喜欢的一部分。因此，出会时，和音法鼓常被观众喊"飞一场"，而想借此机会一睹老会风采。上撂表演结束后，头锣、二锣按照行会时的动作开锣，队伍继续行会。

通常在设摆或就地演出时，老会才"敲歌子"。通常在敲之前，会员们会商定好要表演的内容。倘若会员临时加入，在经过开钹或开铙后，也会知道下面演奏的歌子是哪一套。开头钹、头铙统称为"开家伙"，必须要选有一定资格的人掌控。一方面要自身的技术不错，另一方面要对每套曲目都烂熟于心。通常，打什么套子，鼓、头钹、头铙三个人早已商量好。经过开场的一个程式化的段落，头钹或头铙敲第一句，便表明了是哪套歌子，其他人从下一句跟上便可。六套歌子六种开法，两套钹开，四套铙开，具体细节将在下文中介绍。

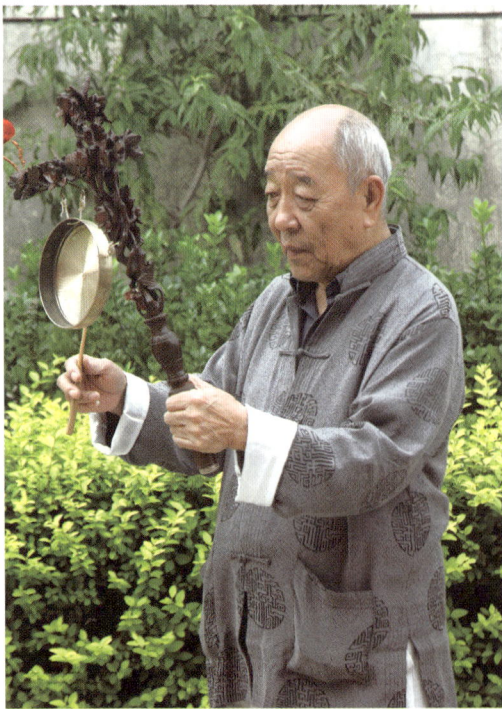
敲铛铛者

2. 表演形式的变迁

20世纪50年代以后，和音法鼓参加了政府举办的各种盛大的节日庆典，每逢五一劳动节、十一国庆节、阳历新年常有庆祝活动。这一时期的法鼓表演具有鲜明的时代特征，也新增了很多表演形式。例如，过去的表演是围观式的，观众可以从各个角度观赏到。20世纪50年代以后，传统的方式并不能适应新增的主席台式的观看模式，因此和音法鼓的会员们因地制宜，进行了改良。

传统出会的形式是行会，行会中穿插表演，整个出会从走出会所开始，回到会所为结束，离开会所便进入表演的状态。在当时改为游行的方式，有统一的起点和终点，传统的"会道"，这时改称"游行路线"。法鼓有仪仗队的性质，传统出会，从会所出发行会，各自举持器具，统一节奏，边走边敲，大气且庄重。而参加庆典时所有表演队伍通常一早集合在新华路体育场统一出发，从会所前去的路上，一般不敲。

表演结束，通常集中在东北角官银号解散，这时和音法鼓完成表演任务，在返回的路上才恢复传统的行会状态。

这一时期通过主席台的游行表演是重点，因此这段自然表演最精彩的上擂部分。但是为了配合游行的形式和效果，法鼓表演被要求经过主席台期间，脚步不能停，还得把最好的技艺展示出来。从前，只要表演上擂，会员便站住不动，把鼓箱子撂住，观众也站住了。游行表演要求把形式改为

敲镲铙者站立基本姿势

行进中敲，其至蹦着表演飞钹、飞铙等大幅度动作。经过反复试验、练习，和音法鼓终于把不动的表演改成能动起来，完成了当时的特殊表演要求。

20世纪50年代末，文化部门鼓励革新，和音法鼓在河北区文化馆的干部王玉文的帮助下，将法鼓表演改编为大型舞蹈《战鼓》搬上舞台，1959年在天津市第一文化宫进行了首演。王玉文将法鼓的舞台造型、阵形按照岳飞抗金兵的故事改编，中间没有舞蹈，没有唱词。演出有21个人参加，主要由和音法鼓的后场完成，鼓箱子在舞台上架起来，处在整个场面的中心位置。鼓后仍是纛旗，旗上写"战鼓"，而不是"和音法鼓"。靠鼓右边有一面大锣，旁边有两个士兵，在表演开始的时候吹响铜号。这是和音法鼓从前没有的角色。右边横排四个镲铬，左边横排四个铛铛。前方右边钹四个，左边铙四个，从舞台两边出来，边走边敲。表演开始是上播的鼓点，中间没有常行点，整个表演大约四五分钟，集中聚合了传统表演最精彩的部分。《战鼓》一共演出了两次，第一次在第一文化宫，第二次是在群众艺术馆，收到不错的反响。对于这种崭新的舞台表演形式，和音法鼓的会员感到新鲜和兴奋，并且带着文艺工作者的自豪感。因为《战鼓》的改编，和音法鼓最终获得了天津市音乐学院颁发的创新奖。

在20世纪80年代花会复兴阶段，刚复会的和音法鼓又率先自行创新，由会员恽恩甲主持在表演形式中增添了阵形的变化，如"二龙戏珠"、"二龙出水"等，在同期的花会表演活动中大大露脸儿。

三、歌子与曲套

　　和音法鼓称演奏的曲目为"歌子"。相传，和音法鼓演奏的歌子来自大觉庵金音法鼓的十八道曲目，目前天津绝大部分法鼓会演奏的内容仍出自这十八道曲目中。根据会员的回忆和推断，大约在清乾隆年间，和音法鼓的成员张起将当时天津法鼓普遍流行的十八道歌改为现在表演的六道。改革后的歌子名称一改原来的阴郁的风格诸如《鬼叫门》《老河西》《瘸腿儿》等，六套新歌子的名称分别为《富贵图》《阴阳鱼》《对联》《四时如意》《八卦图》《绣球》，均有吉祥、喜庆之意。其中《对联》《绣球》是与原有十八套歌子中名称重合的两套。和音法鼓的成员认为，目前老会中所演奏的六道歌是取十八套歌中的精华部分进行提炼，所以更加精彩与紧凑。六套歌子的名字与内容的

锦衣卫桥和音法鼓歌谱

内在联系,会里已经无人能够说得出。六套歌中,《四时如意》和《阴阳鱼》演奏时只敲一番;其他四套歌子都敲两番,即重复一次。《四时如意》中钹、铙的谱点儿咬得紧,相对绕一些,表演时比较容易出错。

表演中,有时在不告知大伙的情况下,临时由头钹和头铙根据表演时间的长短和场面决定敲什么内容。其他人根据头钹或头铙开始敲的首句节奏就知道接下来的套子,所以这就要求每个人对每套歌都要背熟。六套曲目开歌子的方式各不一样,《富贵图》《绣球》由钹开,其余四套《八卦图》《对联》《阴阳鱼》《四时如意》由铙开。表演开始有程式化的开头,其中有"仄个起恰仄恰、仄个起恰仄恰、仄个起恰仄恰",敲完第三个的时候,头钹或者头铙就将双手高高举起,给出要开歌子的信号,提醒众人注意。过门结束,如果头钹"恰恰"开了两下,大家便知道是《富贵图》,马上跟上来"恰恰仄仄、恰恰仄仄、恰恰仄、恰恰仄、恰仄恰仄恰恰仄……";若是铙开了"仄仄"两下,说明敲的是《阴阳鱼》。《对联》首句"仄、仄、恰仄恰",《四时如意》首句"仄一仄仄恰仄恰",《八卦图》首句"仄、仄、仄仄恰",《绣球》首句"恰、恰、恰恰仄"。不借助语言,根据首句不同,开歌子角色的不同,大伙便可判断出究竟是哪道歌子,快速进入演奏状态。

在正式出会时,法鼓演奏的绝不是独立的单个的一道道歌子,而是由歌子、间奏、小套路等元素组成的完整曲套。在介绍曲套之前,有必要将各种组成元素做简要的解析。

常行点。是长途行会时用的鼓点,以简单的节奏统一队伍的步伐,常用的是"仄、仄恰、仄仄恰"。但在具体表演中,常行点的功能远大于此,它充当了音乐背景,可以让大家在演出当中于常行点期间短暂休息,比如歌子与上擂之间的一段常行点,这个时间里会员可趁机休整,为接下来的上擂做好准备,尤其钹要抓紧时间网好。常行点可长可短,由鼓手掌握，鼓手观察大家的状态，控制进度。每一段曲目转换的时候也都要敲到常行点，能不能控制住节奏，就要看鼓的技艺高不高。为了适应不同场合，也为了防止单调，不同鼓手根据各自的习惯和喜好发挥创造力，将常行点衍生出多种打法和花样。

垛子钹。作为一个小连接段，垛子钹在法鼓表演当中出现的频率非常高，在敲每道歌子之前和上擂之前都要用到它，而上擂之前的垛子钹速度要快一些。垛子钹句式不长，在表演中多起承上启下的作用。

阴鼓。是垛子钹过后与歌子之间的一个小连接段，为了更好地引出歌子，通过阴鼓时将气势压下去，同时也给表演者心理准备的时间。阴鼓节奏为"仄个起恰起个仄恰"，一般最少敲三个，同样由鼓把握，之后开始开歌。

上擂。是表演中最重要的一个小段落，所有的法鼓都将上擂作为演出的高潮和结束。上擂部分最大的看点在于铙、钹的肢体动作，如"缠头裹脑"、"捞月"、"扯旗儿"、"纺车"等等，在快节奏大幅度的舞蹈动作中同时演奏钹、铙，十分抓人眼球，人们把这段表演叫做"飞"或者"耍"，可见它的精彩。上擂也有只敲不飞的表演形式。和音法鼓曾经有过专门记录钹的上擂动作名称和数量的飞谱，但实物未保存下来。没有了飞谱，大多数会员在学习的时候，只记动作的做法，而忽略名称。

咬五套。也称小上擂，是每种乐器带领其他乐器按照"五二三一"的点各敲两番的一个小套路。最先"咬"的是钹，钹以"恰、恰、恰、恰、恰"的节奏独自敲五下，接着其他四种乐器跟着打五下，钹再打五下，其他的再跟五下。紧接着，钹"恰、恰"打两下，其他的乐器跟着打两下，也打两番。如此这般，按照五下、两下、三下、一下的顺序钹依次领头敲完，此为"咬钹"。中间有鼓的花点，因此听起来并不单调。按照钹、铙、镲铬、铛铛、鼓的次序，五种乐器顺次"咬"下来，此为咬五套。咬五套可以单独成为表演套路，也可以穿插在歌子中组成更庞大的曲套。咬五套的点没有记录在曲谱上，"五二三一"作为一个短小的口诀流传在法鼓会中帮助记忆和传授。

以上是法鼓表演中的基本构成元素，经过不同方式的组合形成以下和音法鼓容量不同、繁简不一的演出曲套。

一品。包含了和音法鼓所有的敲法和表演内容，是最完整的展示，具体包括全部的六套歌子、咬五套，最后以上播结束。先从第一套《富贵图》敲起，到最后一套《绣球》六套歌子之间分别有五个衔接点，分别插入五种乐器的咬五套，最后上播，完成表演。具体每个歌子和咬五套、咬五套和歌子、歌子和上播之间均以常行点、垛子钹、阴鼓作为连接。一品是所有的组合中内容最多、用时最久的，大约需要五十分钟时间。

二品。在一品的基础上去掉反复重复的连接段部分，即舍弃了前五套歌子之后的常行点、垛子钹，直接咬家伙。但在第一套《富贵图》之前的常行点、垛子钹不能省略。因为二品甩掉了零碎的、重复的部分，所以也被形象地叫做"甩尾（音yǐ）儿"。精简后的二品，表演时间比一品要短，需要四十余分钟。

满堂。在一品的基础上去掉了咬五套，只敲歌子及歌子之间的连接点，最后以上播结束。满堂的乐趣在于研习、品味歌子，通常大家愿意坐下来慢慢敲，虽然内容有省略，时间上却不见少。

前三套和后三套。前三套、后三套的叫法，说明六套歌子是有前后固定顺序的。因此，前三套和后三套有时不称呼歌子的名字，而直接冠以第几套。这六套歌子的先后顺序分别为《富贵图》《阴阳鱼》《对联》《四时如意》《八卦图》《绣球》。演奏时敲完前三套或者后三套歌子，仍然以上播结束。相对一品、二品、满堂，前三套、后三套是比较随意的套路敲法，通常在自娱自乐和练习时演奏。

双套。如同字面意思，六套歌子中的任意两套合起来，加上擂结束，都可称为双套。在和音法鼓，双套最常敲的是《对联》和《绣球》，最后上擂结束。

单套。是指打任意一套歌子加上擂，和音法鼓一般单套演奏的是《绣球》加上擂，只需八九分钟时间，是比较简短灵活的表演选择。

首品。是指不表演歌子，直接上擂。经过常行点、垛子钹，便直接表演上擂了。通常在行会遇到截会时表演首品或者双套，既满足观众最期待的部分，对截会者表现出礼貌和尊重，又不多花费时间和力气。

自张起将和音法鼓的歌子革新为六套后，二百多年来和音法鼓一直严格按照传统方式表演和传授技艺，未再做改编创新。过去，和音法鼓歌谱绝不外传，如今随着环境变化，限制打破了，和音法鼓愿意把歌谱提供给其他法鼓会或研究者交流，但老人们坚信，即便歌谱一样，本会展现出来的表演技艺仍是独一无二的。

四、动作与技巧

1.茶炊子

和音法鼓会刚成立时便有文场、武场之分，茶炊子属于文场表演。旧时和音法鼓的茶炊子表演技艺高超，这与老会所处的地理位置和人员构成有极大关系。当时在锦衣卫桥一带种菜、做小买卖的人多，运输、吃水、卖菜都少不了挑扁担，肩上和腿上功夫了得，这些人将精湛的挑技带到了会中，带动了和音法鼓茶炊子的表演技艺。而今人们生活在都市里，用上了自来水，扁担早已退出了日常生活，能担此重担的人也随之减少。一担茶炊子七八十斤，出会一天全凭表演者人力完成，虽有几个人轮流替换着挑，但仍然十分考验技艺与耐力。上世纪80年代复会后，能够将茶炊子挑出会的会员已为数不多。

茶炊子表演，实际上不仅限于茶炊子这一种器具，圆笼、样笤、茶笤等器具的表演也统称为茶炊子表演类，俗称"挑挑儿"。圆笼比茶炊子要轻许多，为了保证表演效果，要人为地往圆笼内放置重物，够分量才"挑得起来"。所谓挑得起来，是保证较轻的几种器具在行会时也能有上

茶炊子表演

下颤动的效果。几种器具所用的扁担是一样的，分量轻的话担子会"发飘"。挑挑儿的基本动作为：扁担挑起来后，左手叉腰，右手抡起来，两只手尽量不扶扁担，脚上要跟着常行点的节奏行走。步伐上下颤动的幅度必须要掌握好，不能过大也不能过小。过大容易碰到地面，损坏表演器具，过小看不出幅度，体现不出功力。以炊子底离地距离小，却碰不着地面为最佳。衡量茶炊子技术优劣要从几方面来看，首先，摆臂姿势优美，脚步缓慢稳当，动作干净利索。其次，重物压身也要保持表情轻松，面带笑容。所有技术以空手换肩难度最大，表演者稍一低头扁担从一个肩膀溜到另一侧肩上，但身体却仍在扁担的中间，不偏不倚。让人遗憾的是，茶炊子的挑技在和音法鼓可以说是失传了，无法留下其姿势、技巧、阵型、规矩等方面更详尽的资料。

2.钹

钹是法鼓后场中两个"大家伙"之一，会员一般描述钹的特征为"肚大缨子长"，以此与铙相区分。表演前，要先将钹在手上缠紧，行话称之为"网"钹，"网"是所有乐器中钹所独有的动作。和音法鼓网钹的动作有一定的规范，先把缠好的钹缨子打开，两手各持一只。用左臂和左肋之间夹住右手的钹，右手缠缨子，缠至尾部刚好抓住缨子底部的同时牢牢握住钹。同理然后换右边扶钹，左手缠缨子。较为生疏的人，缨子的尺寸往往很难把握，缠到底部总抓不准钹底，便得重来一次。熟练的敲钹人熟谙钹缨的尺寸和手掌的尺寸关系，往往能一次网成。敲钹动作大，缨子松动是正常现象，每敲一阵便要快速重网一次。老人们说，网钹这一动作，有时也能成为遮羞的方法。敲钹当中，功夫不到家的人忘记谱了或者敲错了，往往用网钹来弥盖。

钹网好后，两脚与肩同宽站好，钹心冲上，端在腰前的位置，这是表演之前的基本姿势。敲钹时，两个胳膊要端起来，横平竖直，不能弯腰塌背。两钹相击时，两只手要错开一点距离，有"蘸"一下的感觉，而不是将两个钹面完全合起来，中间必须有一个空隙，这样听起来就有水音儿。"声音晾出去，敲出来好听，也不费家伙。"如果两钹碰到不马上分开，声音就闷着出不去，容易把钹敲裂。和音法鼓的头钹纪川师傅强调，敲钹要使劲儿，但绝不是使傻劲儿、蛮劲儿，从动作到声音都应该是优美的。除了敲钹，抖钹可体现出玩钹儿的基本功。抖钹有双抖钹和单抖钹。抖钹时要注意配合双膝弹动，手腕用力，钹缨垂直向上为佳。

上擂叫做"飞"，在钹身上体现得尤为明显，飞谱上记载的便只是钹的动作。垛子钹以后开始上擂，钹的动作依次是双扯旗，左右各两个为一组，做三组，紧接着三个卷帘儿，左右两边各一个单扯旗儿，接着是钓鱼，做多做少看鼓的控制。扯旗在表演时尤其得注意手臂要正要平。卷帘儿要求骑马蹲裆式的深蹲，身体后仰，腰向后挺，且要向两边转动，动作的幅度大，胳膊甩开大花，对腰力要求很高。在演奏完六九钹[1]后，接下来有一段阴鼓的时间，表演者可以短暂休息一下，也可以网一下钹，准备接下来的表演。接下来是三组叠金钱动作，左右两边各三组纺车，最后以卷帘儿的动作收尾。叠金钱时，两钹在头部上方交叠，身体不能左右摆转。纺车时，腰向左右两侧转得要到位。总的说来，钹飞的时候要撒开架子，胳膊伸出去，快而且准确，身体不能软。老辈人形容钹敲得好叫做搡（sàng），意思是动作大方，耍起来干净利索。钹的好坏首先要从舞起来的时候动作到不到家来判断。纪富忠这样描述钹在上擂时的动作要领："该推出去的时候推出去，该抡出去的时候抡出去，该蹲的时候蹲下来，就像疾风骤雨一样。"

1.法鼓表演中的一个小段落，节奏为"仄经仄，一仄恰"，此为一个单元，三个重复单元称为"六九钹"。

网铙

开钹

单抖钹

双抖铙

卷帘儿

扯旗儿

叠金钱

纺车

3.铙

敲铙的角色与敲钹的一一相对，相互配合。铙的基本动作是：八字步，昂头挺胸，双手持两铙摞在胸前，左手在下，右手在上。一般认为，钹的动作变化多，而铙则更费力气。铙使劲的方式不一样，钹是整个手臂用力，铙靠的是手指和小臂的力量抠住。铙的肚小，靠手指抓住了敲，虽然铙中央有绳套套在手指上帮助固定，而这只能防止敲铙时脱手，敲铙时仍得靠手指和小臂的力量。因此没有力量是敲不了铙的。

敲铙时两手端平，蹭着敲，左手在下，右手在上。套绳是松的，拴铙的绳子套在中指上，敲的时候需蹭着使铙转起来，这样能让声音更好地传出去，有水音儿。跟钹一样，铙的动作也要两臂端起来做，会员形容端不起来的动作"跟夹尾巴狗赛的"。如果铙端不起来，盘花、缠头裹脑等动作都做不好。铙比钹累，除了手抓的问题，还有一个原因是，铙的点比钹多。以常行点节奏"仄、仄恰、仄仄恰、仄、仄恰、仄仄恰"为例，铙敲"仄"，钹敲"恰"，显然铙的点是钹的两倍。

铙在上播过程中有两个重要动作，海底捞月和缠头裹脑。钹做叠金钱动作的同时，铙对应三个捞月的动作，两个铙翻着花从上转到下。一个捞月动作能翻几个花要根据个人手上的功夫，动作慢的捞两个，动作快的捞三个。一般个子大、力气足的人才可以做三个。在钹做纺车的动作时，铙做缠头裹脑的动作，腿上是骑马蹲裆式，两个铙始终以很快的速度贴着脑袋前后左右翻飞，从远处看像一个球。缠头裹脑的时候手和头要配合好，铙的边非常锐利，一不小心就可能会受伤。无论是海底捞月还是缠头裹脑，铙的基本动作都是翻花，要领是花要圆，动作要快，两手之间不能架得太开。

铙尺寸大小不一，重量也不同，十分有力气的人才能驾驭得了大铙的表演，比小铙舞起来也更有气势。相比钹来说，铙上播的时候动作多，在上擂的前半部分，铙只有一次海底捞月的动作，到上擂的最后部分，重点才从钹转到铙的表演。此时，铙的表演更为精彩，连续表演三个海底捞月和一个缠头裹脑的动作。行内人认为，五种乐器的表演中，敲铙比较累，既要有起有伏，又要有动有静。

敲铙

缠头裹脑

捞月

3.镲铬

镲铬，是法鼓里负责节奏的乐器，起陪衬的作用。比如，歌谱里面"仄恰一仄恰"，其中的"一"是镲铬的点。"起仄恰仄"，"起"则是铙的回音和铛铛的音。镲铬的敲法和钹、铙的敲法相似，不能完全敲实，否则就闷了，要留一点缝隙，才能放出音来。因为敲镲铬的技巧相对来说较少，所以通常敲铬子的都是刚入会的小孩。除了上播时速度跟着鼓的节奏快一点外，其他时间自始至终保持一个节奏，记住哪里开始哪里结束就可以了。

4.铛铛

铛铛和镲铬一样，没有技术高低之分，凡是能敲得了大家伙的，都能敲铛铛。铛铛和镲铬都不用谱子，没有花点，最后上播的时候，根据鼓多快的点儿，敲多快的点儿。相比之下敲铛铛是个累活儿，铛铛有几

法鼓爱好者丁元磊在演奏铛铛

敲镲铬

斤重，出会时要一只手举着铛铛拐，一只手敲铛铛，敲的点和鼓的点一样多，对手和手臂的力量是很大的考验。可以说，铛铛和镲铬是敲鼓的两个耳朵，鼓可以听不见头里敲大家伙的，镲铬和铛铛鼓必须听得见，因此这两种响器站在鼓的两边。铛铛是鼓最得力的助手，铛铛一乱，鼓就容易乱，所以敲铛铛的一般都是上点岁数、经验丰富的会员。在上播中，表演双扯旗儿后的撒轮子时，鼓要阴下去，声音低缓，铛铛敲起来特别要劲，"锵、锵锵锵锵、锵、锵锵锵锵"，加快上播之间的速度，钹、铙听铛铛指挥节奏找齐，因此铛铛不能乱。所以铛铛的演奏相比镲铬要复杂，关键时刻必须显示出铛铛的作用。

5.鼓

鼓是法鼓会的灵魂和中心，负责领导其他乐器的速度和节奏，在表演时没有舞蹈动作。鼓的表演要求十分严格，不能出一点差错，一旦鼓点错了，直接影响其他乐器，整个场面就难以补救。如果鼓手技能过硬，钹、铙等其他乐器敲起来也会得心应手，节奏紧凑却不急躁。鼓手纪富忠在敲鼓时总强调"当口"一词，意思便是节奏的把握，鼓点要疏密得当，快慢错落有致。

和音法鼓的老人们认为，会中鼓的演奏比别的法鼓会更为讲究。鼓手恽恩甲结合自己多年来的演奏体会，总结为：敲鼓时要有阴阳之分、单双之分、轻重之分、中边之分。虽然鼓由整张皮蒙制而成，但是整张皮的皮质也稍有不同，有薄有厚，有的地方的音儿好听，有的地方的音儿不好听，因此，演奏者只有对鼓十分熟悉，才能在演奏时运用自如，有所选择。此外，在表演中如果一直敲单点便会十分单调，还要敲出嘟噜声。嘟噜是指打连点、打花点时的声音。所敲鼓的位置不同，每种嘟噜的声音也有所不同。从边鼓往中鼓打，声音是逐渐高起来的，从中鼓往边鼓打，声音是逐渐降下来的，虽然都是敲连点，但是声音听起来不一样。

所谓阴阳点是指，嘟噜为阳，单点为阴；中间为阳，边鼓为阴；重为阳，轻为阴。这样可以使鼓敲起来有所变化，节奏感强。根据摸索出来的经验，钹敲边鼓，铙敲中鼓。打铙的时候，尽量用阳，中鼓多，打的时候尽量加嘟噜；打钹的时候，尽量用阴，边鼓多，打的时候尽量不加嘟噜。这样的鼓声才会在轻急缓重间有所分别。表演一开始是哨鼓，"咚……咚咚……咚咚咚……咚咚咚咚……"，从慢到快。哨鼓要敲鼓的中间，敲边上不好听，意为召集、聚拢人的注意力。此外，行会的常行点也要敲鼓中间部分。所以说打鼓的时候要有节奏感、轻重线、阴阳点，有中鼓边鼓的配合。

为避免过分单一，打鼓者可凭借自己对鼓的感悟度加入不同的技巧，有时候加嘟噜，有时候是敲边鼓，但无论怎么变化，加入多少花样，敲的点都必须落在同一个点上，点找不到一块整场演奏就会乱。从这个方面来说，鼓能自我发挥的地方很多，其他乐器则不行，必须严格按照点走。恽恩甲师傅说，一个点敲十分钟，自己都烦，便寻思换个花样敲，单点、嘟噜交叉换着来。比如常行点就有四种敲法。行会时有两种，分别是"仄、仄、仄仄恰，仄、仄、仄仄恰"，"仄仄、仄顶仄、恰仄恰"。这样敲并不影响其他乐器，鼓可以随意在这两种常行点之间变换。行会的时候，鼓是单手打。落地之后，虽然还是常行点，但是有所变化了，这时候鼓要用双手打，并且加了双点，变为第三种常行点，"仄、仄、仄顶仄恰，仄、仄、仄仄"。正式开始表演前，鼓为了把气氛调动起来，需要加快一些速度，变为第四种常行点，"仄顶仄恰、仄仄恰、仄顶仄恰、仄仄恰"，"大家一听速度加快了，明白是鼓要催大家伙（钹、铙）了"。恽恩甲说："虽然都是常行点，但是根据拍节和场景，鼓要随时来回地变换。单双点的变化，也不是绝对的，有时候打单点也很好听，如果鼓的单点和铙、钹正好配起来，比如说打到'仄、仄、恰、仄、恰登一仄'时，全是单点，但是落到仄上就好听。我觉得，鼓的表演是更灵动和自由的。"

打鼓需要注意的是，握鼓楗子的手不能太松或者太紧，太松了敲的时候容易甩出去，太紧了敲不出嘟噜来。打的时候手腕要灵活，手腕带动小臂，大臂也跟着动，少数地方需要用大膀子打的。比如在上播钹打叠金钱"仄顶仄"的时候，鼓手要整个轮起来打。打鼓最累的时候，是小臂的上方胀。打鼓要用巧劲儿，不能用蛮力打。同样是一面鼓，上午的鼓和下午的鼓又不一样，相比来说上午的鼓好打，到下午鼓晒了一天皮绷上劲儿了，弹力太大，打起来就费力，调门儿也高了。

即便是演奏同样的鼓点，但是听众却有不同的感受，技术高超与否比较容易分辨。鼓好不好的主要标准除了节奏掌握得好，韵律好听之外，重点讲究"脆"，点打得紧凑，单双点分得清楚。比如咬五套中鼓咬"五二三一"的"三"，可以打三下单点，也可以打三个嘟噜，三个嘟噜必须跟打三个单点节奏一致。技艺高超的鼓手不但能打三个嘟噜，而且节奏独立不"黏糊"，这就能看出水平。讲究的地方就在于"脆"、"紧"。在表演撒轮子动作时，鼓从边缘往中间敛，后又从中间往两边撒，一直敲"仄仄恰、仄仄恰"，声音紧凑，从小到大，又要从大到小，但这个动作也不要时间过长，否则会破坏整个上播的节奏。鼓敲多长时间，钹、铙要跟着敲多长时间，这要看鼓手手上的功夫。刹得匀，时间长，不拌蒜才算技艺高超。会员们认为鼓好不好一方面要靠练，另一方面是靠个人的天赋和体悟。上下辈的鼓手之间很少有技艺的切磋和交流，个人的因素尤为重要。

和音法鼓是天津法鼓界有资历的老会，在至少二百多年的传承历程中，一些技艺高超的老艺人的名字或故事通过一代代和音法鼓人的口头流传至今。清末民初时，和音法鼓有一位郭八爷（名字不详，其孙子郭炳权也是会中会员），号称"快铙"，他用的铙是大觉庵的青铜器，比普通法鼓会中的铙尺寸大且重，但是依然能动作灵活，干脆漂亮地耍起来。此外还有宋云章，也是公认技艺较好者。鼓手中技术最佳的当属孟五爷，可谓和音法鼓招牌式的人物。

参加过1936年皇会的会员，当时都比较年轻，平均年龄在二十岁左右，现在已经全部去世。在这批会员中，公认钹敲得好的是头钹焦敬恭，二钹恽国良，铙有张智成、管玉昆（管四爷）、郭炳权、张锦堂、焦敬贤等人。鼓手当中最为引人注目的是纪富忠，他参加皇会的时候只有16岁，是参加表演的会员中年龄最小者。同期敲鼓的还有于长贵和管四爷等。挑茶炊子的技艺高超者有焦庆×（具体名字不详）、张庆德等。敲铛铛的有四位老人儿，其中一位叫肖德元，其他人名字无从考究。

20世纪80年代复会以后，新一批的主力会员涌现出来。其中，以纪富忠之子纪川、已故会员于雅俊的钹，最为人们称道。于雅俊的钹动作十分漂亮、利落，似舞蹈般行云流水，钹缨子甩起来时是带着波浪的。此外，恽恩甲的鼓，代锦良的钹、铙，郭炳恒、恽恩来、焦月祥的铙都被大家所认可。

和音法鼓的技艺讲究，是天津法鼓界所公认的，虽然无法出会已有二十余年，却一直为其他法鼓会所尊重和推崇。

五、绝活儿与艺术特色

据鼓王纪富忠回忆，从前大绸缎庄之类的买卖家都有自己的法鼓会，并且专门为敲法鼓的会员做成套的大袄马褂，力求形象庄重、文明。可以说，在民间艺术范畴里，天津的法鼓艺术比较专业，无论是音律还是舞蹈动作，都格外讲究规范。应当说，和音法鼓秉承了法鼓老会的庄重风格和精湛技艺。

上擂是和音法鼓表演的一绝。法鼓艺术中，文法鼓在上擂时只有动作，没有声响。和音法鼓属于武法鼓，动作多是武术架势，气势恢宏，上擂时动作舒展且利索，同时不影响演奏。这就要求动作既要用力，手上也要细腻，力求把最优美的一面表现出来。

和音法鼓上擂表演时动作大而有力，速度快，有武术的渊源和气势。又因为钹、铙由铜制成，边缘坚硬锋利，表演时有一定危险性。鼓王纪富忠早先是耍钹的，曾经出过一次事故。一次表演飞钹的时候速度极快，突然钹脱了手，正好一位本家嫂子抱着女儿在旁边看，钹直接碰到小侄女额头上，所幸并无生命危险，只留下一道疤痕。可见，上擂动作的速度和力度非同一般。同样，和音法鼓飞铙的表演速度快，花儿大。尤其在表演缠头裹脑时，两个铙翻着大花儿贴着头部蹭来蹭去，头与手稍微配合不当，可能就将头打破。因此群众观看上擂表演时都提着一口气。

作为一种表演艺术，上擂动作又需要兼顾细腻和优美。以和音法鼓的抖钹动作为例。和音法鼓的钹缨子长度是七尺，绑完钹后余有五尺，较其他法鼓会中的缨子要长。通常情况下，缨子越长表演难度越大。抖钹不光需要手腕力量，还要胳膊及肩膀的力量，钹缨子才能甩起来，并以在空中呈现出优美的波浪纹为最佳。如果在飞钹的时候站在敲钹的身后看，虽看不到动作，只见黄色缨子在前面左右上下翻飞，也是一种享受。

第四章

器具与遗存

　　"文革"前，锦衣卫桥和音法鼓老会中藏着几样历史久远的老物件。其中一件是被称为"瓶出三戟"的清朝大印章，主要用途是在特殊服装的背面印制出图案。清初之时，基本每个村子都有水会组织，由村民们自发组成。一旦村中有火灾发生，水会的成员会在第一时间赶到。为了便于民众辨认，水会救火时要穿统一的坎肩，锦衣卫桥水会所穿坎肩的背面印有"瓶出三戟"图案，便是用此印章印出的。瓶出三戟造型考究、独特，在一个花瓶口部伸出三支箭，印章为硬木雕刻，做工十分精美，遗憾的是此物件后来被毁坏了。

硬对上部的结子顶

老会中还曾存有一件十分珍贵的飞谱，上面刻记了钹、铙上擂时的动作及"耍"的要领。飞谱为楸木制成，尺寸大约有

50厘米长，30厘米宽，表面刷有黑漆，上刻白色文字，约有500-600字内容。据会中老人介绍，飞谱年代久远，至少为清代之物，是老辈传下来的物件儿，何人制作不详。不少会员还清楚地记得，飞谱一直在前会头张长青家保存，挂于家中门框之上。张长青去世以后，木质飞谱遗憾被毁。20世纪80年代，飞谱上的内容已由恽恩甲等人根据记忆恢复。

和音法鼓的器具可大致分前后场两大部分，前为文场的各种仪仗执事，后为演奏使用的五种乐器。前者追求典雅、华贵的造型和工艺，因此法鼓会在皇会中被称为"半副銮驾"，设摆时法鼓会将全套乐器和仪仗执事，停设在设摆场地，重点展示后者的气势和精巧。和音法鼓的仪仗执事数量不多，贵在质地、做工讲究，有鲜明的菜园子风格。后场的五种乐器的质地、构造，也各有讲究。和音法鼓在立会之初以及上世纪80年代复会两次大规模购置器物，现今由于器具已经丢失和分散，笔者只能从仅存的几件执事和老人的回忆中捕捉这部分信息。

一、仪仗执事

上世纪80年代和音法鼓刚恢复时，前场的器具是根据当时会员们的记忆，把造型、色泽、图案、尺寸传达给工匠，专门订做的。那时，制作器具的材料十分难寻，会中成员托人买了一口在"文革"中被打散的楠木棺材。用棺材的四个大面，做了炊子、灯牌等。后来，因为材料不够，又买了一方红松。当时为会中雕刻器具的是一位住在东于庄姓卜的手艺人（名不详），这名工匠十分手巧，只要给出样式，他便能照刻出来。

当时前场的器具主要置办了以下种类：

旗子类有纛旗、门旗、会幡、小手旗等，均是按照老样子翻做的，旗上的文字延续老会传统采用繁体。手旗为鸭青色，尺寸为80厘米长，

50厘米宽，至少有20面，上面用黑色的平绒布剪成"和音法鼓"四个大字，贴在旗上。旗杆为黑色，长度在2米左右。门旗为三角形，长约3米，高约2米，旗杆高约4-5米。会中的会幡为红底白字，写有"河北区小关街锦衣卫桥和音法鼓"。

旗子当中最重要的是纛旗，旗面尺寸宽一米多，大概有2米多高，旗杆长度为3米。旗面为杏黄色，四周镶有黑色平绒。上写"锦衣卫桥和音法鼓"字样，颜色醒目鲜明，颇有气势。纛旗上方是做工考究的旗顶，雕有精致的花牙子，挑起的旗架两端雕有龙头，龙头上栓着绒球，龙嘴里含着穗子。因旗面用料考究，多用丝绒布做成，重量也十分可观，没有力气的人根本搬不动。

会里所置办数量最多的器物是角质灯，从前法鼓会的各种灯具都采用这种材质。角质灯外层轻薄，内置蜡烛，烛光较为柔和，走动起来时随着步伐颤悠，忽明忽暗，摇曳生姿。如果整道会出会，如同一条火龙蜿蜒前行，十分壮观。角质灯的制作工艺十分复杂，首先要用牛角旋（削）出来片，然后借助一种特殊模子粘起来，外部用高温烫。经过此道程序后，衔接的

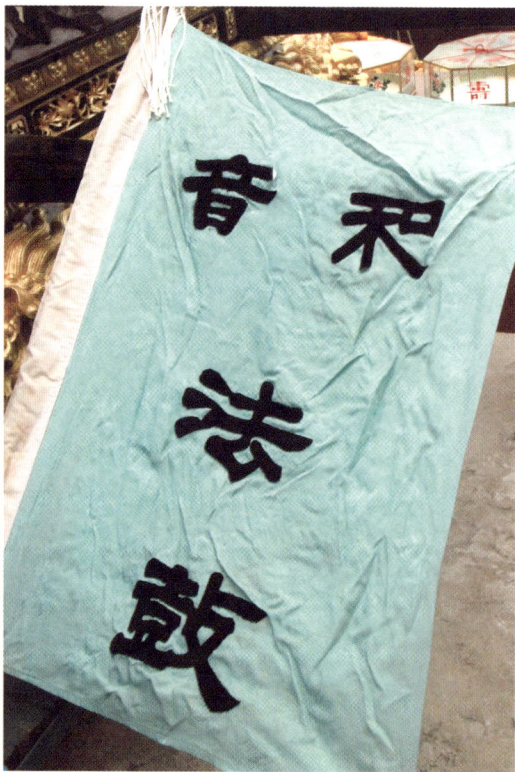

和音法鼓目前仅存的一面手旗

缝隙就合了起来，椭圆形、圆形都可以做。角质灯在当时较为普遍，选用这种灯的主要原因是材质较轻，行会时负担不重，出会时候万一不慎碰落，也不会伤人。从前角质灯的使用范围较广，老百姓家的大宅门、戏园子等处都会用到，因此需求量较大，在一般的戏剧用品商店都能买到。和音法鼓的灯图、茶炊子四角、鼓箱子四角上的各种灯具，以及挑子灯、气死风灯等等都采用这种材质，在中间点了蜡烛，既可装饰又有照明的作用。目前，这种灯已经淡出人们的视野，过去需求量较大，不少民间手艺人都会此项工艺。但是随着电灯的普及，需求越来越少，目前此项手艺已经基本失传。设摆时所用的灯多换做普通的塑料灯笼或者改用玻璃灯了。

衣裳箱子

气死风灯顾名思义，意为灯火不易被风吹灭，材料便是采用上述的角质。因为这种灯设计得很巧妙，两端的口较小，中间较大，形状如同南瓜。小号气死风灯的直径在50厘米左右，大号的直径在80厘米左右。灯中点上蜡，无论风有多大都吹不灭。

挑子灯由两部分组成，为竹片所做的挑子及灯笼。挑子由三片竹子组成，行会时可以三片

衣裳箱子局部

合在一起，方便掌执。设摆时，三片竹子可以分开，形成支点，固定于地上，设计十分巧妙方便。挑子的顶端挂有两个灯笼，同市场上常见的红色宫灯尺寸造型一样，但是颜色为白色，灯笼上分别写有"和音"、"法鼓"四个字。

灯图和纛旗的位置相同，纛旗为白天出会时使用，灯图为晚上出会时使用，放在鼓后面，起到照明作用。灯图犹如旗杆伸出好多枝杈，形如树冠，上边小底下大，挂有10个角质灯，每盏灯上写有一个字，构成

"河东锦衣卫桥和音法鼓"，大概有3米高。行会及武场表演时有专人扛着、扶着，设摆时有专门的木头架子放置。

现有灯牌高约240厘米，上部为30厘米的正六面体，下部为支架。以前置的灯牌据说被八国联军损毁，后来添置时特地请天津市著名画家薛月楼创作灯牌中的字画。1984年复会之初，锦衣卫桥和音法鼓曾向柳滩德音法鼓借用一段时间灯牌。

1984年后，和音法鼓按照会里老灯牌的尺寸制做了一套新灯牌。据会中老人回忆，原来在锦衣卫桥大街上有一个小诊所，在和音法鼓复会之前，有个会员去看病，发现诊所内大夫盛药的箱子很眼熟，后来找了会中其他几位老人儿去看，确认是和音法鼓的老灯牌。原来，灯牌周边的玻璃被敲碎了，只剩下一框子，形状像个箱子。虽然上面刻的花纹已经严重毁坏，但是会员一眼就看出这是自己会里的东西。后来和音法鼓把灯牌框子要了回来，并按照尺寸，置了后来的八扇灯牌。

高照把子为直径8厘米的圆柱体，多用桑木制成。高照架子高约73厘米，宽约57厘米，便于出会时随时停放，放置高照。原来的高照有实用功能，多为铁丝盘成，内贴

高照

有红纸，中间有蜡烛。行会时，蜡烛的光可通过铁丝之间的空隙透出，起到照明作用。现在的高照已经逐渐演变成装饰器具。

软对有两对，尺寸为160厘米高，35—40

高照局部

厘米宽，软对上的字并不固定，不同时代所写的字不同，一般多为吉祥话。20世纪80年代，和音法鼓的软对上写的是藏头诗：

和以永祝无疆寿

音移能招盛世逢

法旨祥云紫光冒

鼓盈朝日现彩霞

首字合起来便是"和音法鼓"，出会的时候"和"、"法"字两对放在一边，"音"、"鼓"两对放在另一边。两对的颜色不同，一对为蓝色底白字，一对为杏黄色底黑字。软对制作考究，上贴平绒字，并用缎子包边。

硬对现存一对，外罩木头雕刻的框子，图案是百鸟朝凤。框子表面材料与角质灯相同，由牛角片制成，后来改为玻璃。硬对的对联旧版已无从考据，新版是"大跃进"时期制作，写有"人民公社大跃进万岁，高举总路线红旗前进”，字体为红色。

现存茶炊子两副，由茶炊子、铜壶、扁担及扁担架子组成，每一套的重量在50千克至55千克。茶炊子的主体为长方体，楠木制成，外刷大漆。高78厘米，上部略宽为围杆，约64厘米宽，下部长方体略窄，为46厘米，最下端有4厘米高的腿。茶炊子的围杆四壁刻有喜鹊登梅纹样。原来四个角上绑有角质灯，写有“和音法鼓”四字。随着制作角质灯工艺的失传，现改用普通灯笼。下部的长方体外壁镶嵌玻璃，中间放有蜡烛。出会时，茶炊子中的灯光可随着表演者的步伐上下摇曳。扁担架子呈“Y”形，插入茶炊子上的插孔。若在行会时休息可直接将扁担放置于扁担架子上。茶炊子最顶部放有铜壶，铜壶最宽处直径为30厘米，高约41厘米。两副茶炊子，一副刻的是喜鹊登梅，图案精美；另一副是西洋棍的造型。

圆笼两副，由圆笼、圆笼腿、点心盒子及扁担组成，一套的重量在15千克至20千克。圆笼的主体为圆柱体，由椴木板制成，外刷大漆。高59厘米，直径49厘米。圆笼可分为三层，内部为笼屉样式，可装点心、熟食之类的。过去，在顶部和底部镶有铜泡钉，后因原料稀缺，现在镶嵌的是从纽扣厂寻得的金色铁皮纽扣。圆笼腿形成一个底托，作用是在行会时方便圆笼放置于地面之上。点心盒子俗称八角盒子，单面的宽度为11.5厘米，高10厘米。扁担可以通用，长约215厘米，宽5厘米，高2厘米，桑木制成。

鼓箱子是各法鼓会执事器具中最贵重和耀眼的。鼓箱子由三部分组成：主体部分、鼓杆及鼓托。鼓箱子多以楠木、楸木、红木制成。锦衣卫桥和音法鼓的鼓箱子主体部分为每边105厘米的正方体，以楠木制成。所有突出的部分，均使用贴金工艺。首先在打磨好的器具上刷上大漆，在大漆半干时贴上金箔，待金箔完全干后，再在外部罩以清漆。鼓箱子

茶炊子

茶炊子局部

的上部为四面围杆，刻有博古造型，楠木制成。鼓箱子后在地震中被破坏，目前寄存于柳滩德音法鼓老会，德音老会配上了四面红木围杆，刻有缠枝花纹样，外部并未着金色。每道会的鼓箱子上的图案和制作工艺都有所不同，这同法鼓会的文化背景和会中的经济实力有关。从前娘娘宫宫音法鼓鼓箱子上的图案为福禄寿三仙，刻有寿桃、苹果、石榴，鼓箱子外部整体贴赤金，体现出宫音法鼓较强的经济实力。而和音法鼓的鼓箱子图案较为平民化，有菜园子的味道，题材多是蝴蝶儿、花儿、叶儿，主体部分为黑色大漆，部分图案采用赤金工艺，搭配起来较为雅致。和音法鼓的鼓缯子，也十分有地方特色，图案为牡丹、芍药、老鼠偷葡萄等，法鼓会中的会员说，"都是菜园子里的东西，都是农民脑子

圆笼

圆笼局部

点心盒子

里头整天想的一些东西"。老鼓箱子在"文革"中被破坏。目前的鼓箱子为1984年收购于河东田庄。鼓箱子的四周有围杆，围杆下面是边长95厘米的正方体，上部雕有狮子头图案，下部雕有狮子爪，爪下握红色绣球。中间四面称为鼓绺子，现在四围外部为玻璃，内用宣纸分别写有"众志成城、一鼓作气、齐心协力、义气风发"等字样。围杆四角有角质灯，中间燃蜡烛照明，上写有"和音法鼓"四字。鼓箱子内部的鼓是悬空放置，在鼓帮子的四边上有鼓圈，用鼓圈固定在鼓箱子的四角上。鼓箱子下原有可活动的鼓托，由于行会形式的改变，现在改为带轮子的小车。出会时将鼓箱子放到小车上，便于行走较长的路途。在鼓箱子的围栏下部，有两条横穿的鼓杆，长度大约有312厘米，鼓杆上有铜套子，鼓套子可打眼，中间拴入麻绳。旧时在没有小车时，行会需要两个身强力壮的人将麻绳背

鼓箱子

在身上行走，旁边要由四个人保鼓，在路途中应付不测。

关于这个鼓箱子的来历，还有一段故事。据说田庄的一道法鼓会散了，把鼓箱子卖给了一个炸果子的买卖人，当揉面的案板用。在1984年前后，和音法鼓会中有一名叫任志刚的会员，在自行车厂上班，早晨经常在单位门口一家早点铺吃饭，有一天他突然发现，早点铺揉面用的案板竟然是一个造型精美的鼓箱子。会里经过商量，通过多方面的协调，最后达成了协议。会中给这家炸果子的人买了一张大桌子、一张大案板，还送了他200块钱，终于把鼓箱子买到了会里。

对于没有大买卖家支持的和音法鼓会，会内的每一种器具、执事都来之不易，会员们格外喜爱、珍视。已故鼓王纪富忠提到会里曾经的家什说："高照、茶炊子、圆笼、茶笤、样笤，别处的都比不了。软对、硬对、鼓后边的灯图，那看着真叫人爱。我们软对、硬对那结子、花牙子

鼓箱子局部（一）

鼓箱子局部（二）

都相当好，都是头等花，刻的是喜鹊登梅。那四把钺钺拐太好了，狮子滚绣球，满载云字头的，都是头等的东西。敲钺钺的人都有规矩，手都不敢摸金箔，就拿下面那个黑漆把儿，多少年来钺钺拐都不变形、不变色，总是这么新。"和音法鼓的前场仪仗不算最多，用料也不是最华贵的，但精致、用心在会里是一贯的传统。

柳滩德音法鼓老会会章

二、演奏器具

1984年复会时，和音法鼓的后场乐器大部分是从乐器厂直接买得。但是在20世纪80年代铛铛已经较为难买，会员通过各方关系，找到乐器厂的负责人，最终乐器厂同意为老会做四十面铛铛，经张恩惠、纪富忠等人的反复筛选，挑出了音儿较为好听的八面。

挑选响器时的讲究非常多，首先是要挑音儿，好的乐器音以"发酥"、"颤"为好，不能太"贼"（尖），音儿能传播的远为好。同一种乐器得分出层次，有高音的、低音的、散音的、聚音的。比如镲铬八副要分四个音，从高往低依次排开。铛铛本身也有高音低音分布，靠近中间的位置，音儿比较低，越往上越高。敲铛铛通常要敲中音儿，也就是中间靠上点的位置。响器要注意材质的薄厚，太薄的容易敲坏，太厚不容易出音儿，发闷。每种乐器在具体挑选时标准也有所不同，在挑选钹、铙时，要注意帽子的大小，以及边儿、沿儿的宽窄。钹沿儿不能太平，要往外翻。另外，钹、铙的厚度必须要与肚子大小协调，否则音儿不好听。其次，挑的时候要试乐器轻重，制作乐器的铜属于响铜，买铜器按照乐器的重量买。一般的方法是，选择的时候不挑选过重的，一副普通的钹重量在三斤左右，一副大钹在四斤左右。买回来的钹、铙、镲铬要重新称重量，并编号，重量接近

日常练习时所用的简易铛铛

的两只为一副。挑选响器时不能只注意单个的乐器音儿是否好听，要看五种乐器的音儿配在一起是否协调。从小在会中熏出来的会员们，"耳音儿"早就练出来了，一听便知好坏。

钹

　　买回来的响器都要进行再加工。钹、铙、镲铬的内侧帽子里要刷上红漆，打眼的地方要打磨好，防止在表演时磨手。刷红漆是为了美观，表演时，乐器芯子的红色、钹的铜色、钹缨子的黄色，交织在一起，上下翻飞，特别美观。铙刚买回来时，要先打眼，后拿红铜丝或者黄铜丝焊一个圈，把绳子系上，做一个抓手套，防止在表演的时候脱手。新买的钹要加缨子，和音法鼓老会的钹缨子较长，大概七尺左右。另外，在钹上还要绑一条用麻布编成的小辫，这道工序看来虽然不起眼，一方面可以防止钹缨子在手里打滑，另一方面可以起到加固的作用，即便是钹缨子损坏了，麻布也有保护的作用。镲铬买回来后也要进行类似的加工，拴黄布缨子和小麻辫。

　　在各种乐器的附件当中，铛铛拐和铛铛槌子最有特点。铛铛拐是一个成90度折角的木雕架，精工细刻。铛铛拐把儿是黑色的，上面的龙纹样是赤金色，贴金箔手艺。当初，铛铛拐保存得非常细致，把儿要用黄布做的套儿套上，以防止手上的汗渍沾到了铛铛拐上。铛铛拐在拿的时候不能提着走，必须保持手和地面平行端在胸前。另外，放置铛铛拐时需要插在配套的架子上，不能够平放在桌面，一般一个架子上放两把铛

铛铛拐

铛拐。铛铛拐专门有箱子盛放，在保存的时候，要使用棉花包上，搁到箱子里，用棉花"偎"上，目的就是防止磕碰。平时练习铛铛的楗子杆是用一般的木头做的，正式表演时所用的铛铛楗子杆为藤子制成。在制作时，将一根藤子一分为二。藤子较有弹性，但是敲的时候也

鼓

不能光靠藤子的弹性，还要靠腕子上的劲儿。出会时所用的铛铛楗较为精美，上面雕有花纹，分别为四副龙图案和四副狮子图案。铛铛楗上绑的是老钱，平时练习的铛铛楗前面绑的是用铜棒旋的铜片。老钱是用生铜做的，铜片是熟铜做的，老钱敲出来的音儿比铜片要好听，铜片敲出来的音儿较"绵"，较"肉"。鼓楗子一般是用被称为旮旯泥、旮旯榆的木料制成，檀木、红木更佳，要求其特质是密度大、材质硬，使用时手感较有分量。鼓楗子的长短、分量略有不同，根据每个人的习惯来选择，一般尺寸有两种，较长的在40厘米左右，短的在32厘米左右。

　　锦衣卫桥和音法鼓一直以自己会中的一面独特的老鼓而津津乐道。相传，这面鼓在光绪十六年购得。鼓分阴阳两面，为牛皮所制。有一面适合晴天敲，另一面适合阴天敲。据会中老人回忆，这面鼓的声音同绝大多数的鼓不太一样，此鼓在跟前儿听起来并没有什么特别，但是距离越远听得越饱满清脆，所发出的声音是"嗡嗡"，有很强的穿透力。但是十分令人惋惜的是，这面鼓在"文革"中被毁坏了。

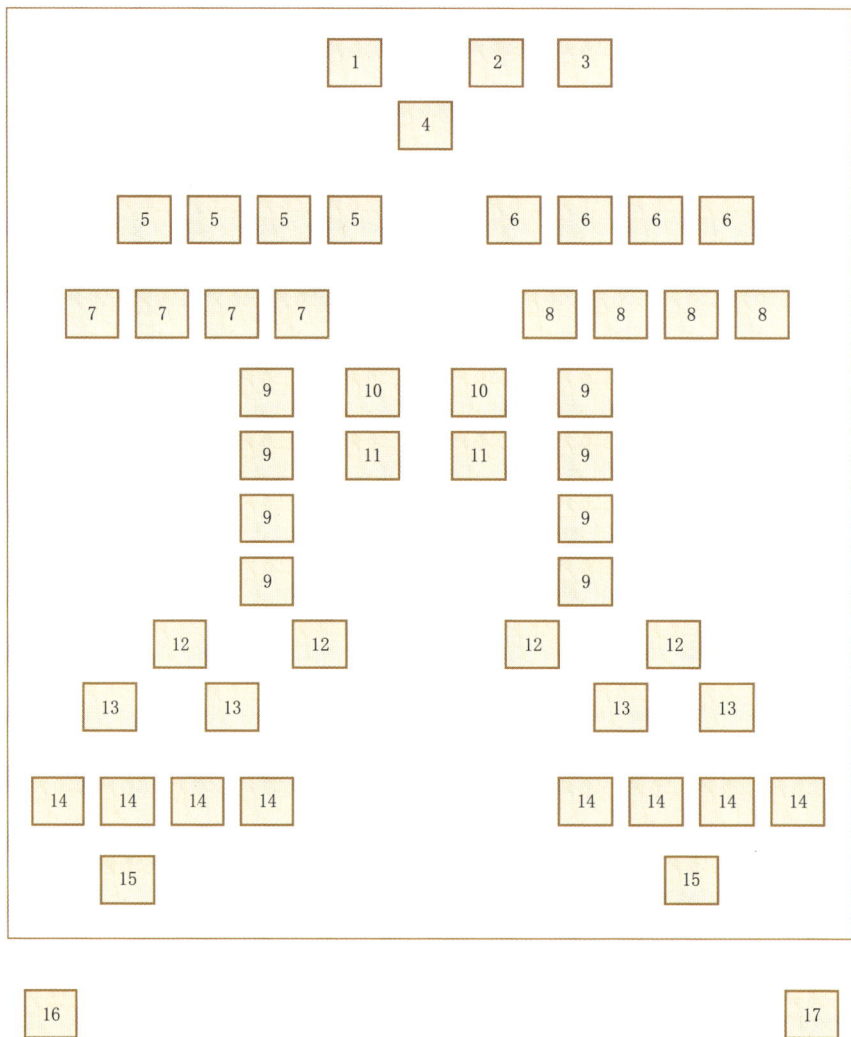

		1		2	3	

4

| 5 | 5 | 5 | 5 | | 6 | 6 | 6 | 6 |

| 7 | 7 | 7 | 7 | | 8 | 8 | 8 | 8 |

| 9 | 10 | 10 | 9 |

| 9 | 11 | 11 | 9 |

| 9 | | | 9 |

| 9 | | | 9 |

| 12 | 12 | | 12 | 12 |

| 13 | 13 | | 13 | 13 |

| 14 | 14 | 14 | 14 | | 14 | 14 | 14 | 14 |

| 15 | | | 15 |

16   17

设摆示意图

1.灯图；2.蠹旗；3.万民伞；4.鼓；5.镲铬；6.铛铛；7.钹；8.铙；9.灯牌；10.茶炊子；11.圆笼；

12.硬对；13.软对；14.高照；15.气死风灯；16.幡条；17.九莲灯。

三、服饰

锦衣卫桥和音法鼓表演时，没有固定传统的服装款式。一般情况下，有一定经济实力的法鼓会有自己固定的服装。以娘娘宫的宫音法鼓为例，他们出会时穿的是灰色长袍，黑色的坎肩，头戴帽翅（瓜皮帽）。挑茶炊子者穿长袍，腰上系一条丝绦，表演时把一个长袍的角掖在腰间，在走叠步时可以看得见步伐的变化。经济实力一般的法鼓会，会穿自己平常穿的衣服，但是一定要保证衣服干净整洁，脚上不能穿拖鞋。很多人在出会的时候还会穿上过年才穿的衣服，如马褂、袍子等。

和音法鼓老会创立伊始，对服装上没有要求，无论文场还是武场，可以穿自己平时的服装出会。但是在历史上，有几次特殊的情况，老会所穿的服装有特殊的含义。

在1936年出皇会时，穿的是黑色呢子的民国学生制服，头上戴黑色大檐帽。这套行头为当地士绅王左清出资置办。

20世纪50年代末，和音法鼓老会进行了一定的革新。由天津市文化宫改编，将法鼓搬上舞台改为大型舞蹈《战鼓》。当时负责改编的是王玉文，表演者的舞台造型、服装以及阵形都按照岳飞抗金兵的故事改编。当时，鼓手穿的是剑衣，胸前有护心镜，头戴大檐帽，并缀有红穗子。其他的表演者作士兵打扮，着橘黄色衣服，疙瘩襻扣子，腰部扎有腰带，脚上穿着黑靴子。

20世纪80年代，和音法鼓老会刚刚恢复起来，参加了在天津市第三体育场举办的天津市第一届农民运动会开幕仪式。当时会员穿的服装统一为蓝色裤子，白色衬衣，衬衣扎到裤子里面，白色球鞋。衣服的样式由会员们共同商议决定，服装由自己解决。

1984年会里恢复以后多数出会表演所穿服装是彩衣彩裤，这些衣服主要是为武场五种乐器的表演者准备的。衣服的尺寸都比较肥大，下面是灯笼腿，一般人的身材穿都可以。钹、铙、铛铛、镲铬表演者穿浅杏黄色的上衣和裤子，用深咖啡色的包边，扣子为传统的疙瘩襻，腰间有宽腰带，脚上是黑靴，头上绑同色三角型包头巾。鼓手同其他表演者的衣服有区别，上衣、裤子都为黑色的。挑茶炊子的服装则延续了传统的蓝色长袍。

第五章

传承现状

一、传统社区的解体

1989年，锦衣卫桥和音法鼓最后一次出会，地点为北宁花园。

1998年，锦衣卫桥传统社区拆迁，会员四散，会所无着。

1999年，和音法鼓器具被盗，大部分铜器损失。

2000年，部分居民回迁，其中包含一部分和音法鼓成员。

2001年，和音法鼓把执事借给柳滩德音法鼓。

社区拆迁，和音法鼓面临的不仅是人的分散，更直接和窘迫的问题是法鼓会的器具、乐器无处存放，开始时分别在街道放一部分，买卖家放一部分。时任会头张恩惠曾四处奔走，期望得到有关部门的关注，但始终未得到解决。从祖辈上传下来的规矩，会中的器具并不属

今日，"锦衣卫桥"称谓已成为历史，难寻踪迹，只有在极少区域使用

于个人，是整个锦衣卫桥社区的公共遗产。张恩惠说，法鼓会的东西大伙儿可以玩，可以给珍惜它的其他会玩，但绝不能卖掉换钱，更不能个人据为己有。1999年，锦衣卫桥周围开始平房改造，当时会中的铜器、铁器存在小关街道学堂胡同的一间公家的小屋子里。后来，恰逢这条街道拆迁，在疏于管理的这段时间，老会发生了失窃，会中百分之八十的器具被盗，三十多副铜器、铁器丢失。会头张恩惠不断同街道、派出所交涉、沟通，希望能立案侦查，但是却始终没有结果。会中的会员都感到十分愤怒却无奈，"我们应该对会中的器物负责，但是现在不比原来种菜园子的时候，谁家的地界都不大，都放不开，公家不给我们个固定的下处，我们只能放那儿"。1999年的这次被盗，致使老会的元气大伤，响器丢了，会员们没有了心气，觉得会完全"哑巴了"，没法像1984年的时候再恢复起来。和音的器具是在1984年的时候花了一万多元置办起来的，其中

昔日的"锦衣卫桥大街"繁华不再，今改为金波里小区

饱含着大伙的热忱和劳动。失盗之后和音法鼓老会沉寂了下来，随后便把会中剩余的为数不多的部分器具借给柳滩德音法鼓使用。

之所以把东西借给柳滩德音法鼓，是因为两个会有一些"交情"。和音法鼓在1984年刚恢复的时候，会里缺东少西，当时会中的会员于文中跟柳滩德音法鼓相熟，后来经过两道老会正式交涉，和音法鼓从德音法鼓借来部分器具使用了一段时间。而后，随着自己老会的发展，逐渐置办起来器具后，又把所借的物件归还了。经历过此事，两会间的交情建立了起来。和音法鼓老会不出会以后，德音法鼓有了将和音法鼓会中的器物收归己用的想法。后经两会共同商定，和音法鼓的会员一致认为"与其将东西荒了烂了，不如借给爱惜法鼓的会"，随即办理了相关的手续。由德音法鼓起草了一份名义上是借，实质是赠送的借据，负责人签字后，由柳滩德音法鼓老会、街道、和音会头张恩惠、会员代锦良各执一份。"借"给德音法鼓的器具主要有鼓箱子一个、灯牌八个、茶炊子两

传承状况良好的柳滩德音法鼓

副、圆笼两副、高照四个。和音法鼓的几位主事人想通过手续证明，和音既没有把东西送给或卖给德音法鼓，对本会会员和本社区的村民有所交待，此外这也为老会自身打算，期望和音法鼓有再恢复的那一天。

距离把会中器具"借"给柳滩德音法鼓已有十余载，两会之间的情谊也日益见长。除了心存感激外，德音法鼓一直视和音法鼓为前辈，对于会中资历老、技艺高的老人十分敬重。德音法鼓每逢设摆、出会，都通知和音法鼓老会，邀请会员们到场指导，切磋技艺。和音的老会员也借此机会摸摸曾经的老物件儿，兴至酣时，也来上一段乐呵乐呵。"高兴之余，每个人心里总有不好受的滋味，想见见，可是又怕见。"这两年，和音法鼓的老会员们除了接收到正式的邀请，基本上已经不去德音作客了。他们说："年龄不饶人了，长时间不摸家伙，手上难免生疏，我们一旦敲不好，给和音法鼓栽面儿可不行。"

二、经济条件的困扰

　　"玩会玩的是热闹，心气儿高的时候都是生活宽裕、赶上年景好的时候。"经济上的支撑也成为老会是否兴荣的一个极其重要的原因。20世纪60年代到80年代之间，是天津的各个会种、各道花会的断裂期。50年代末在政府的倡导下，花会活动频繁而热烈，60年代初因全国"自然灾害"，民众生活困难，依靠节粮度荒解决基本的生存问题，无暇顾及玩儿会，基本天津的所有花会都不再出会。1964年以后，正当生活条件逐渐好转，各种"运动"又纷至沓来，随着国内政治形势的日益严峻，和音法鼓继续沉寂，这一断就是近20年的时间。

　　直至1984年，天津的老会慢慢复苏起来。从前玩会靠的是心气儿，只要有人有心，就能玩得风风火火。复会之后，逐渐发现玩儿会人的心态发生了很大变化。首先，玩儿会的人员迅速减少，很多人不再愿意付

精美华丽、保存完好的老物件儿，记录着老会曾经的辉煌

出自身体力，造成出会时前场打手旗、举灯牌的人员严重不足。无奈之下，只能请当地社区的清洁队工作人员帮忙。而对于抬鼓、扛纛旗等体力消耗大的工作只能花钱在社会上雇人。过去玩儿会一直是乡民们业余生活的重要部分，有着良好的群众基础。无论是会员还是乡村百姓，民众的自发捐助就足够支持出会表演的挑费。但当必须从捐助的资金中拿出相当不菲的一部分来作为雇佣人员的报酬时，会里的负担变得越来越重。以他们的话说，"出钱人的少了，用钱的地方多了，和过去正好反着"。那段时期，老会采取了一系列开源节流的措施来应对资金上的困难。比如，将过去抬鼓箱子行会的方式改为用车推着走。为了减少对重体力劳动人员的需要，节约出会时的挑费，会里还商讨是否能把灯牌、高照也用车推着走。为减少雇人的费用，手旗和部分较重的前场执事非必要情况便不出会。会员们逐渐发现，能"出一次全会，几乎成了奢望"。

虽然和音法鼓不出会已经有些年头，但现在看到其他花会出会时所用的挑费，老会员们更觉咋舌。根据目前的交通状况来看，按传统方式在马路上行会已不太可能。如果出行，至少需要一辆大卡车来运送表演器具，一辆客车运载表演人员，两辆车来回往返的车费就是一笔不小的开支。人力费用支出较过去也有很大提高，"80年代时，出5块钱就有人愿意跟着行一天的会，但是现在50块也没人愿意干了"，而每出一次会，大约需要雇佣壮劳力40人。

拆迁之前，和音法鼓出会的机会已经不多，其中经济上的窘迫是关键的因素。从前，锦衣卫桥地界儿上的人懂会、爱会，一张罗出会，本地乡民会量力给一些捐助。拆迁后的锦衣卫桥，居民多是别处迁来的，对于法鼓会并不十分认可。即便在演出时会收到一定补贴或报酬，对于出会的挑费也难以维持。

三、年轻力量的缺失

　　锦衣卫桥和音法鼓的会员人数比较固定，大概在四十至五十人左右。会中人员构成以世家玩会儿居多，基本都是"爷爷辈玩儿会，儿子辈玩儿会，孙子辈也玩儿会"，属于乡亲会与子孙会的传承模式。过去，虽然会里各个年龄段的人都有，但是却是一种梯队式的会员模式，可谓传承有序。出会时，基本上以年轻会员的表演为主，年老的会员作为会中的坚强后盾只负责会务与传授工作。如今，老会不再出会，当初参加过演出的也仅有七八位老会员健在。这批会员基本上是在1984年法鼓会刚恢复时担当主力，年龄基本上都已接近古稀，最小的年龄也在五十岁左右。虽然十几年没有出会，但老会员们在演奏歌子方面仍然十分熟练，只是在对体力要求较高的上擂环节时，已心有余而力不足了。

鼓励后学

　　传承后继无人问题，是天津所有法鼓会面临的最严峻问题。造成此问题的原因有以下几方面：

　　首先，现在的年轻人更喜欢轻体力的娱乐方式。改革开放之后，年轻人的娱乐活动越来越丰富，可选择的项目增多。从前，锦衣卫桥一带常住平房的人多，家家都有个院子，农闲的时候家里的小孩子都爱聚在院子里敲法鼓玩。可以说，玩法鼓是那个时代年轻人的时尚追求。随着社会环境的变化，与传统社会相比，现在的文化娱乐活动更能吸引年轻人。锦衣卫桥法鼓的表演形式属于武法鼓，其中有很多武术的招式，可想练就这种观赏性强的技巧要付出更多的时间和汗水。这种情况同样在前场的挑茶炊子表演中存在。过去，生活在锦衣卫桥一带种菜、卖菜的人们经常挑挑儿，可以说他们的表演技巧是在日常生活中潜移默化锤炼而成，表演起来可谓信手拈来。随着时代进步，传统的生产方式已经有所改变，挑挑卖菜的方式已不多见。特别是自20世纪80年代复会以来，参加法鼓会的会员基本上都是工人，想掌握茶炊子的技巧，必须进行严格的专业训练，一副担子上百斤重，目前很少有人能为了表演茶炊子而进行高强度、高负荷的训练。张恩惠告诉我们："1959年和音法鼓参加新华路体育场游行，早上四点就集合。那阵儿人的心气高，一宿不睡觉也行，半夜就开始走，还特别自豪，因为不是会里每个人都能参加的。"与其说当代的年轻人不能吃苦，不如说当下法鼓给人带来的精神愉悦难以超越身体的承担，人们需要更多精神力量的支持，这就是所谓的"心气儿"。

　　其次，生活节奏的加快，导致年轻人学习、生活压力更大，对于玩儿会即使有心却也无力。从前玩儿会世家的孩子七八岁就到会里敲镲铬，而今学校的课业负担加重，即便法鼓世家的父母也不愿意孩子在法鼓上耗费精力。对于工作的年轻人，20世纪80年代，如果出会时间与上班相冲突，街道开一张证明，单位就会准假，这种情况在今天已经成为奢望，一旦缺勤扣工资在所难免。工作总是比玩儿会重要，当代上班的青年工作压力大，更倾向于快餐式的娱乐方式。社会生态的变化，在一定程度上阻碍了年轻人参会的热情。面对所遇到的困境，锦衣卫桥和音法鼓对会规也做了相应的变通。原来的法鼓会相对较为保守，限制外村人的加入，以防技艺外传。而今和音法鼓的老人儿期待更多年轻人加入进来，和音法鼓会毫无保留地传授技艺，希望法鼓会的技艺和精神能世世代代传承下去。

四、会员心声

　　和音法鼓有着三百年历史，作为皇会的亲历和参与者，在天津的法鼓界有着极高的声望和很好的口碑。关于保护和音法鼓的荣誉，保护法鼓艺术，保护皇会的历史与文化，会里成员有自己的观点和行动。

纪川师傅站在儿时练习法鼓的自家菜园子旧址上感慨万千（今为中山公园后门）

　　和音法鼓的鼓手恽恩甲师傅作为上世纪60年代河北大学的本科生，是会中学历最高的人。他自小痴迷于法鼓，80年代复会初期，他便有档案意识，产生了为法鼓老会留下影音资料的想法。恽恩甲师傅的大儿子恽宝或在1986年时曾为鼓王纪富忠录过磁带，其中详细记录了会中鼓箱子的历史渊源及他参与1936年皇会的经历；二儿子恽宝忠在1990年时，曾给会里留下设摆表演、舞台表演以及铙、钹动作演示的视频资料。后又将其转刻为光盘数据资料，并保存至今，这些都为和音法鼓留下了十分珍贵的历史资料。

　　在交流过程中，和音法鼓成员谈了自己关于皇会保护和法鼓会传承的想法，以下辑录部分会员们的观点：

现在抢救皇会文化已经有些晚了，20世纪80年代是抢救皇会最好的时期，很多当初参加过1936年最后一次皇会的人还都活着，但现在这批人已经差不多都不在了，那时候的一些事情已经没人能说得清楚了。

出皇会，如果官方不出头基本是办不了的。以前马路上车少，出会时也得有人维持秩序。如今的交通状况，没有政府部门管理协调根本出不了。要想恢复皇会，只靠民间的力量是不可能的。过去很难，现在更难。

和音法鼓最大的难处是没有后人，没有场所。如果会所能恢复，通知大伙儿来，大家还是愿意的，现在锦衣卫桥门口还住着一些原来玩法鼓的人，只不过大家不知道到哪里聚。有了会所，一切都能改变。现在通讯方便了，离得远的一个电话打过去，也可以很快联络到人。

这玩儿会玩的就是"心气儿"，一代人断了，就永远断了。以后再有人说起高跷、法鼓，小孩子完全不知道了，从来没见过的东西，你要他们怎么想象？

社会环境的变化直接会影响到法鼓会的生存环境，现在的娱乐方式多了，要想凑足几个玩儿会的人，那可难了。一方面想尽力恢复皇会，但是我们也知道这是社会发展的必然趋势，是自然规律。

和音法鼓老会参加政府办的活动，但总觉得味道不一样。一方面因为现在的领导不太懂玩儿会的规矩，没按照老传统走；另一方面，现在的领导太忙，不管什么活动恨不得12点以前就全利索了。

如果负责管理民间花会的文化机构领导有保护意识，让我们老会再像上世纪80年代初那样复会还是有可能的。想要把法鼓恢复起来并不难，最简单的方式就是请文化馆出面，把它作为一项天津民间艺术特长来招生。现在说按照原来的方式，找一帮子小孩子，要他们扎到我们会里来学，是不可能的了。但如果是作为一种业余爱好或者学校的课程，还是有可能的。当然，不只教锦衣卫桥的东西，只要是能普及法鼓的知识和技巧都行。

和音法鼓现在已经不像原来那么保守了，都是用现代的思维来考虑法鼓的传承。原来不是本村的人根本不让学，现在只要你喜欢法鼓，有兴趣，我们都开门传授。光指望小孩子学不行，还希望更多感兴趣的成年人也来学。来学的人多了，哪怕不是一个地方的，但只要有机会聚在一起，也能成一个会。

从农耕文明到工业文明的转型过程中，锦衣卫桥和音法鼓老会以及各花会普遍遭遇了各种打击，面临着困境。面对居住环境的迁徙、变换，昔日守望相助的传统居住模式消解，社区民众凝聚力薄弱，会员年龄老化，青黄不接，传承维艰，和音法鼓的成员们具有了遗产保护的自觉意识。他们了解法鼓会的历史与现状，并在其中投入了自己的青春和情感，在社会关注不够和未有成熟保护措施的情况下，作为法鼓会的主体，他们的想法和观点，在保护工作中应当得到充分的尊重。

本书作者对老会进行田野考察

第六章

传承人口述

一、会头张恩惠

　　我叫张恩惠，1935年出生，汉族，因为在家族中排行第六，会里人尊我，都叫我一声六爷。从小就生活在这锦衣卫桥大街上，看着这里一草一木的变化，可以说是老锦衣卫桥人。

　　我们家那阵儿的经济条件还算不错，我父亲在天津市邮政总站工作，当时算是铁饭碗。母亲一直没工作，是家庭主妇。家里有两个孩子，我还有一个姐姐。五六岁的时候我在私塾念书，具体学校的名字不记得了，地点在兴业大街福善东里。后来，进了官办的第六小学念书，初中在渤海中学念的，毕业后在天津市纺织机械厂技工学校学习了两年机械制图。后留校教一年课，大概二十岁时，我去了纺织机械厂工作，干些保全（维修，是钳工）以及绘图的工作。1960年，我从厂里辞了职，用现在的话说就是下海了。出来后嘛样的工作都干过。我这人闲不住，也不喜欢受约束，但是在那年头算是脑子比较活的，干过瓦匠，干过起重（给机器安装大件），做过小买卖，还支过煎饼果子摊。1969

年那阵儿，国家有这么个政策，城市里没有工作的人要去农村，不过不算知青，算全家疏散，我在农村待了不到十年。1979年回来后，还是做小买卖生意，卖过酱货、果仁、豇豆、羊头肉，一晃又是十一年。后来一直也没有正式工作，不算退休职工，现在也是吃国家低保。得亏我那阵儿干买卖存了点钱，才能在后来玩会的时候帮会里置办些东西。回想几十年来玩这法鼓会，可真不容易。个人是没少往里搭钱，有时还得受累、受气，但是也就怪了，一玩起来人就是提精神。学法鼓，我完全是靠熏，熏来熏去就熏明白了。我家里没人玩这个，不像有的人是父一辈，子一辈，虽然去了也是叔叔大爷叫着，但是回家后以后没人能点拨。我只能是出会时跟着玩，在边上认真听，趁大人不注意的时候敲敲镲铬。回了家自己琢磨，自己练，从来没有师傅正式教。那时候去会里，家人都挺支持的，一个是因为那时候孩子老实，父母知道不会闯祸；另一个是那时候穷，没啥娱乐活动，玩会是个文明玩意儿，能教孩子好，至少懂规矩。

当时锦衣卫桥附近都是平房，菜园子在周围，整个锦衣卫桥是个村儿，紧挨着小关儿村。村里的人种园子（种菜）的多，后来因为建北站，部分土地被占了，很多人没了地，就归了北站的脚行上班，也就是现在的铁路系统。这批人都脚力好，力气大，可以说为锦衣卫桥法鼓会的人员输送方面创造了得天独厚的条件。我们始终没有一个固定的会所，原来的东西一直放在张长青大爷家，晚上大伙儿没事儿的时候就去他家练练。我打十岁起就往他家扎，记得他家地界挺大，存放法鼓会的东西有一间专门的大屋子。

锦衣卫桥和音法鼓老会最大的一个特点就是规矩多，长幼尊卑分得特别清楚。会里常说"不懂规矩别乱操旗杆"，嘛意思？就说你到了这会里，必须得规矩，不能乱动乱说话。不认识的人不能随便进到会里，更不用说学了。那年头，要是家里大人来会里了，小孩儿得在边上站着，连坐都不行。我能摸的上家伙的时候都十几岁了。我在会里学的时候没有正式的师傅，刚开始敲镲铬，后来越敲越熟练，最后选了敲铙。

我这人比较好热闹，出会时总跟着往外跑，结束了跟着拾掇，所以对会务这块比较熟悉，联系、协调、运输、保管，算是比较精。从1958年开始，我正式接触会务，那时候的会头还是长青大爷。但那阵长青大爷身体不太好，会里的事儿基本都是我协调，但不是会头，我才23岁，资历还不够。"文革"停了一段时间后，顶到1984年，我才正式接了会头。

我们玩法鼓，没有出师的说法。嘛叫行嘛叫不行，会敲还得分敲得好坏。没法说自己敲得好，顶现在更不敢说行了。歌儿大家都能背过，

1988年天津广场艺术民间联谊会授予张恩惠的会员证

关键是你敲的东西能不能跟别人搭上调。玩法鼓就是个团体活动，光你一个人好也不行，得大伙儿在一起配合得好。我敲铙这么多年没有自创的东西，我们历代都是这么传授技艺的，只管把传下来的东西学好了学精了就行。以前法鼓会保守，歌谱绝对不能外传，现在可以了，大家互相交流，怕的就是老祖宗留下的东西断在了我们这一代。我在法鼓会算是最后一批人，虽然不算是正式学徒出来的，但的确是在会里熏出来

的。我没收过徒弟，后面也没有接班人，现在会里面年龄最小的会员也得有50多岁了。

我不是表明自己，但是对于法鼓会真的是投入了感情，现在一想起来会中失窃那件事，心里还是痛。当时一到现场就愣了，三十多副铜器全没了，留下的都是木头架子。为了保存好这些东西，那么艰苦的时期都过去了，却被别人偷了。会里硬对、软对都在我家搁着，"文化大革命"多厉害，全家疏散去农村，都是贴身带着这些东西去，又完好无损带回来的。有时候想想也懊恼自己，如果那些东西一直在我家搁着，肯定没事儿。

过去出会一提锦衣卫桥法鼓老会，没有不认识咱们的，口碑很好。不过到现在为止给锦衣卫桥法鼓资助的商家和个人比较少，有时候出会会给点车马费，但是干嘛都不够，基本上都是会员们自己凑钱出。最后那次在北宁公园出会时，我给大家准备了一批背心留念，从印到买都是我一个人的。

我对法鼓好像有瘾一样，人虽然老了，但心里还总想着盼着，希望我活着的时候还能再有个跟八几年那样的机会，再恢复一次。现在和音法鼓最大的难处是没有人、没有场所。钱好说，大伙儿凑钱买家伙也行，自己没有借也行。如果有条件恢复，通知大伙儿，那肯定很多人马上就来。现在门口还住着一些原来玩法鼓的人整天问我，咱还能再起来吗？说实话，要是能把和音法鼓恢复起来，我这一生也算是无怨了。

二、会员恽恩甲

我叫恽恩甲，1939年生，汉族。我们家是老天津卫人，一直住在锦衣卫桥大街，当时的门牌号是锦衣卫桥大街西张家胡同三号。我7岁在这条街上的火神庙小学念一年级，我还是解放后的第一批少先队员。13岁在渤海中学念初一，后转到了人民中学（现天津市三十五中学），初中毕业到了十八中念高中。之后，1958在河北大学（今和平区马场道附近）念书。1962年本科毕业后，进入学校从事教育工作，一直到退休。我的履历比较简单，中途没有换过工作，基本算长在新社会、活在红旗下的人。玩法鼓和工作、学习基本没有冲突，练法鼓的时间在晚上，出会基本是节假日时间。我的身份比较特殊，当时是大学生鼓手，大家也都公认我是锦衣卫桥和音法鼓老会学历最高的人。

我家可以说是地道的法鼓世家，家里好些人都是和音法鼓的人。我父亲恽国良敲钹，1909年出生。叔叔恽国山也敲钹，1912年出生。大爷恽国邦敲铙，原来做过和音法鼓会的会头，就是后来一提都认识的恽大爷。我叔伯兄弟恽恩来也玩会，敲铙。往下一辈的人当中就没谁会了，我儿子在1984年的时候跟着敲了几回，但是没怎么用心，算是没学出来。

小时候我就经常跟着父亲在会里看热闹。那阵儿还不会敲，就跟着行会。他怕我饿着，给买了半斤栗子，我一边吃着一边走，觉得特别神气。这段情景在我脑海里很深刻，现在回想起来还觉得心里特别美。那时候出会都是走着的，到哪里都得打出半天的时间，不像现在有车。我还记得路线是从锦衣卫桥大街出来到黄纬路，走中山路，过金刚桥，到文化街后，再回到狮子林大街，从小关街回来。

大概是因为整天在会里呆着，我很小就被熏出来了。七八岁就会敲镲铬，顶十三四岁的时候就能上阵敲大家伙了。刚开始我学钹，后来我们会里有个人敲铙技术不错，每次出会请他时总是不太热情，行内人说这叫"艺拿人"。我一较劲儿，也学会了铙。铙、钹一会，铛铛自然就会了。学鼓也有个机缘，20世纪50年代的时候，我们这伐人经常去当时会里敲鼓的张振铭家里，跟着他拍巴掌学鼓。后来他有些原因不总出来玩，会里经常缺把手，我说那我来试试吧，打了几次还行，以后我就专门负责敲鼓了。

我和张恩惠、代锦良、张克明算是一伐的，十几岁时大伙儿就在一起玩，算是天津卫嘴里地地道道的发小。说什么时候敲鼓开始正式顶大的，我不敢说。但是从上世纪50年代初开始，有什么活动，都是我们这伐人去，年龄大的只能在边上助助阵，他们已经耍不了了。有几次出会的情景在我印象中比较深刻，一次是1959年河北区文化馆的王玉文把法鼓改编为《战鼓》搬上舞台的那次。我们从服装、道具、演出的形式各个方面都有变化，可以说是很大创新。敲的套子也有变化，一上来就是上播的点，中间没有常行点，很紧凑，很激烈。整个表演下来大概有四五分钟，专门挑精彩的部分表演。我们的《战鼓》一共演出了两次，头一次在第一文化宫，那是我有生以来第一次上舞台，印象特别深刻。我还记得，灯光一打下来，台上特别亮，台下面却是黑压压的，什么也看不清楚。第二次是在群众艺术馆，站在舞台上敲鼓，感觉很兴奋，但是并不害怕，反而觉得很神气。

还有一次印象也特别深刻，大概是在上世纪50年代末那阵，天津市经常有集会游行，地点设在百货大楼对面的花园。凌晨四点我们得到新华路体育场集合，走建设路、和平路、东北角、狮子林桥再回来。那阵子上级鼓励法鼓革新，把静敲改成动敲。那阵我敲铙，讲究横着蹦起来耍。我那时候还是大小伙子，体力各方面都不错，但走这一大圈也累。下午行会时，也就刚走到十月电影院门口（今食品街一带），身体实在太累了，一打蔫不小心把牙磕掉了半拉。为了这个，后来还换了假牙，这也算玩法鼓的纪念吧。

我们会最露脸的那次是在1986年的杨柳青音乐盛会上，这次大会由天津音协主办，将多种打击乐搬上舞台进行比赛，天津市的吹会和法鼓会基本都到全了。当时，给了锦衣卫桥法鼓会三十五分钟的时间，表演的是二品甩尾儿和上擂。由我敲的鼓，代锦良师傅敲头钹，郭秉衡师傅敲头铙。如果这些录音、录像找到了，是很珍贵、很有价值的资料。当时条件不允许，买不起录像机、照相机，现在想想也后悔，应该想办法多给法鼓会留下点资料。1986年那时，我还专门找了纪富忠，用磁带给他录了一段说怎么参加皇会的。从1990年开始，有表演的时候，我就尽量让我儿子用录像机给会里录像。1990年9月30号、10月2号两天我们正好出会，我要他对会里的各种乐器，包括敲、耍、上擂的每个动作都有十分详细的录制。那阵儿就想多留点资料，怕将来也没个记录。现在一晃过去二十年了，回想一下，我觉得这事儿还真做对了，要不嘛资料也没有，怎么证明锦衣卫桥法鼓会存在过？就靠这些东西了。就算这会不存在了，断了根了，但是还能给后人们看到，想当初，这会还有过这样的历史，这么辉煌过。

历来法鼓会的规矩比较多，思想比较保守，甚至有点固步自封。

我思想不保守，我觉得法鼓会应该在一起多交流才有利于技艺的精进和传播。我觉得每一个会的绝活儿也应该拿出来交流，最好天津的孩子都学，真正变成一个全民的活动才好。一旦有什么活动，召集起来就是一个团体，随时可以表演。我真的怕我们法鼓会里的东西丢了，只要有人愿意学，我都会毫不保留地教给他。现在对于法鼓的传承来说，最大的问题还是没有传承人的问题。钱不是问题，我们可以像1984年恢复的时候那样再凑。另一方面，办会还得有政府的支持，玩会需要场地，现在房子这么紧张，如果政府不提供下处给我们，法鼓会的东西放在哪里？我们又能在哪里练习？我还是希望政府和更多的学者、专家重视起来，多做宣传，要人们重视起来。如果政府在文化馆办一个法鼓培训班，我也可以无偿地去教，心里还是希望更多的人能学法鼓，能把这门艺术发扬传承下去。

钹飞谱

纺 叠 单 卷 钓 卷 卷 双 垛

金 扯　　　　　　 扯 垛

车 钱 旗 帘 鱼 帘 帘 旗 钹

恽恩甲恢复的部分飞谱

三、会员纪川

我叫纪川，字国岭，1950年生人，出生在天津市河北区锦衣卫桥河沿二条胡同十四号。我是第七代，"国"字辈，我没有小名，在会里大人都喊我"国岭"。我在和音法鼓里敲头钹。打小就从父亲那知道，家里好几代都在和音法鼓玩会，到我这是第七代。第一代到第四代的名字我说不好，但爷爷、父亲到我这里是特别清楚的。我爷爷叫纪文庆，1956年去世的，去世的时候七十几岁，他是敲钹的。我有两个爷爷，纪文庆是我亲爷爷，家中行八，排行第二的纪文平没有孩子，亲爷爷就把我父亲过继给我二爷爷了。爷爷辈儿的兄弟八个，他们当中只有我亲爷爷敲法鼓。我再下面没有第八代，因为我的孩子是个女孩，所以说就没希望了。

我父亲纪富忠，是我们家的第六代，"富"字辈，1920年生人，1988年11月1日去世。父亲小学毕业，从小跟我爷爷一块种菜园子，经常是下了学拿粪筐拾粪。爷爷那辈人都种菜园子，我们家在官银号菜市场有一个卖菜的门脸，大爷爷在那主持，我家的菜都送到那个门市去卖。还不到十六岁，父亲就到中天电机厂去学徒了。后来出师了上班，最后是在第四金属制品厂退休。他这个人脑子挺好，学习也挺好，退休的时候是机械工程师。"文革"以前，我爸每月就能挣七八十块钱，那就了不得了，我们家生活是挺不错的。"文革"时我们家被抄家了，我父亲的"罪行"是反动技术权威。抄家后他被下放到车间当了三班倒工人，不过没多长时间就平反了。

父亲最初学钹，后来专门敲鼓。因为这个，父亲成了我们这一带的名人，只要是锦衣卫桥的老人儿，要是不知道和音法鼓，不知道敲鼓的纪富忠，那他就有点欠缺。从前，一说"和音法鼓"和"纪富忠"，那是我们锦衣卫桥的荣耀。我们这个会群众基础特别好，练法鼓都是周围一条胡同、二条胡同、火神庙后、东张家胡同、锦衣卫桥大街上的人，再怎么转也没离开这锦衣卫桥周围。那时，每天晚上只要一哨鼓，大伙儿扔下手上干着的事儿就去了，有时候敲到十点多，也没人提意见说吵，都特别支持我们玩会。

1936年的那次皇会，和音法鼓可真叫一个露脸。我父亲出过那年的皇会，当时他才十六岁，在中天电机厂学徒。为了这次皇会，老人们特意培养了一批新学员，都不大，他们当时穿的服装是学生服，别人一看，"嗬"这帮会都是小年轻。我们会去得晚，别人特别注意这拨会，大家就要看看和音法鼓究竟敲得怎么样。老娘娘宫搭的台子，给老娘娘朝圣，把会让进去以后，把我们鼓箱子抬到台子上，一开家伙敲，听我父亲说当时敲的好像是双套，《对联》和《绣球》。敲完以后挺轰动，大伙反应和音法鼓敲得是真好。尤其这个鼓，年龄这么小，还敲得这么好，都想知道敲鼓的人是谁。转过天来设摆，好多会就特意到和音法鼓来看看，还要找找敲鼓这小孩。打那时候起，我父亲的鼓就小有名气了。在我父亲还小的时候，还没练法鼓的时候，他有时上他老婶屋里去，我亲爷爷在炕上坐着，炕上有桌子，他手就在那敲。我爸问他，你这是干嘛？他说，这是法鼓，就给我父亲讲了一些法鼓的事，而且还教教他。我父亲开始跟着玩，出会他就敲镲铬。十几岁开始学钹，他敲鼓以后就很少敲钹了，特别是1936年皇会以后他基本上就以鼓为主了。

父亲这一代学法鼓的地点，是在原来我们家菜园子里。现在的中山公园后门旁边，原来是机床厂的材料库，那个材料库就是我们家老菜园子的地界儿。菜园子挺大，房子也多，钥匙在我爷爷手里。会里的老人小孩，基本天天吃完晚饭就去，一进门就开始练。有一天，天不怎么好，下的不小的雨，这帮老人们全没去，小孩们可不管这些，都去了，喊我爷爷把门开了进屋里头就敲。可练的时候不能没有鼓，平时都是老师们敲鼓伴奏，小孩别说敲，连摸都不行。我爸说："我敲鼓吧。"他们说："你能敲？"我爸说："那我试试。"别说，还就这么敲起来了。小孩们正在里边兴高采烈地敲，没想外边雨停了，这帮老头也都惦记着从家里出来了，往菜园子那走。怎么打老远就听见里面敲上了呢，相互一看，张爷、赵爷、李爷，会敲鼓的几个师傅都在这儿，里边怎么敲上了。几个老头很纳闷，步子也加快了。到跟前从窗户往里看，一看，是富忠敲鼓，在会里头凡是比我父亲大的，就都管他叫"富忠"，不叫姓。这帮小孩发现师傅们来了吓坏了。老头们一推门，说："都别动，接着敲。"老头们也生气也高兴，随便支吾两句，其实生气是假，高兴才是真，打那以后就知道我父亲会敲鼓了。

其实我父亲的鼓都是自己练的，也没人教。当时和音法鼓里敲鼓最好的是孟五爷。他家不住在锦衣卫桥大街，而是兴业大街，一有出会得把他请来敲。后来我父亲会敲了，他本身也挺高兴，但是那时候人的思想旧，他绝对不主动教，也没人敢问他。那时他就很少敲，赶上他敲的时候，我父亲就偷着听，哪个地方怎么敲，心里背过，回来以后模仿，不住地练习，再一听还真不错。有一回我父亲敲鼓，孟五爷听了挺震惊。打那以后孟五爷基本上就不敲了。

都说敲鼓需要天赋，我父亲在文艺方面的确比较擅长。他太平鼓敲得不错，能用太平鼓模仿法鼓的效果。会唱戏，也会拉二胡。在敲鼓上，我父亲下了一定的功夫，原来我们家有个板凳，挺厚的面，土话叫"小老头"，我爸练鼓就拿这个板凳练。他练鼓的时候，手都磨破了，我奶奶还特意给他做了羊皮的指套。

1988年，在和音法鼓复会的第四个年头，我父亲因为栓塞过世了。我父亲在复会之前撂下那么多年，恢复的时候再拿起来也很快，说白了，就是因为当时学的时候功夫太牢靠了，已经完全刻在脑子里了，得心应手。会里恢复的歌谱是我父亲整理下来的。听我老伴说，我在外边没回来那几年，父亲经常在屋里拿手在桌子上比划，没事就敲。因为他对法鼓确实有感情，玩了那么些年，又是世家，还参加过那么重大的事，又曾经那么露脸。他和法鼓的情义是无论如何都割舍不了的。父亲在世时经常有人到我们家来拜访他、采访他。那时基本上每天下班回来后，都听我妈妈说，今天又哪里的人来了。我父亲去世的时候，和音法鼓来送的。这种情况在我们会里很少，我们会很少为了个人的事儿敲法鼓，有数的就那么几回。一个是张长青大爷过世时，一个是会头张恩惠父亲过世时。我还记得头天晚上在我们家敲的是双套，我没敲，给大伙准备了烟卷、茶水、点心，还给大伙磕头表示感谢。转天出殡的时候，和音法鼓敲常行点送的。

父亲在我们这门口算一个名人了，到我这儿，只能算是一个传人。我1950年出生，今年六十一岁。

记忆中，我从五六岁就往法鼓会里跑，开始学敲镲铬。1958年在火神庙小学上学，1964年在真理道中学上学，1966年"文化大革命"开始，学校就基本不上课了。1968年全国"上山下乡"，大部分学生去了全国各地，我去的是河北省承德地区平泉县的小寺沟铜矿。由于我从小对文艺表演这方面特别喜欢，在小寺沟我被安排在宣传队工作。我们的总矿河北省寿王坟铜矿坐落在兴隆县，好几千人的大矿，一开始是借调我，后来就把我调那里的宣传队了。我在那里干了不少年，吹笙、拉二胡从前我就会一点，在宣传队变成职业后，技巧方面可以说比原来更好了。我没参加过高跷会，但踩起来没问题，这个技术也是在矿上学的。有一次矿上有个庆祝"大庆会议"的表演，矿领导下来一个指示，要用半个月的时间编排一段高跷演出。木匠开始做腿子，宣传队开始练，总共没用两三天我就能表演了。后来宣传队停了，我被分配到矿上的科技研究所当钳工，一直干到1982年回来天津。随后在第四金属制品厂接父亲的班在备件库工作，2001年正式退休。

我们家一共三个孩子，上面一个姐姐，底下一个妹妹。我觉得从小家里就挺幸福，提不上富有，但生活挺不错。父亲性格很好，特别慈祥，从来不打我骂我。我打小对法鼓很好奇，特别爱问这个那个，他也特别愿意跟我讲。在我记忆中最清楚的是，我还没敲镲铬以前五六岁的

鼓王纪富忠（中）、纪川（右）、纪国庆（左）合影

时候。我们法鼓的鼓箱子从来不搁到地上，只要摆那就有四个架鼓箱子的凳子。这鼓凳子，四方，黑色的，厚面，好看极了，搁到鼓箱子四个角上。每次我父亲一出会我就跟着去，我是小孩儿，钻过来钻过去的。大人先把四个凳子摆那，再把鼓箱子拿出来。就在这个当口，我肯定得坐会儿那个凳子，一坐那凳子就特别美。正美的时候，大人把那鼓箱子一抬出来，喊着"起来，起来，起来"，就把我哄走了。以后我大点七八岁了，会敲镲铬了，出会我就跟着去了，也光光堂堂算是敲家伙里面的一个了。

镲铬没有专门召集起来练的，上面的缨子那么一揪，抓住就敲了。我爸在家的时候就告诉我怎么敲，把开家伙告诉我，开四下钹就开始敲了。只要头里不停，你就一直敲，快上擂节奏越来越快，一直敲到完，你得知道多会停，这就算行了。敲镲铬都是世家的孩子，在家里家长就告诉了。去了到那，基本一拿家伙就会了。会里不管有嘛事，只要父亲去，他把我也给带上。"文革"前，会就中断了，那时候我还小，但可以说脑海中还是带着和音法鼓记忆的。1984年和音法鼓复会后，我又参与了进来。那时我都34岁了，按照常规已经太晚了，老规矩这个年龄段的人应该是成手多少年了，而我连钹怎么绑都是现学的。刚恢复时，人手不够，那个阶段像我这么大才开始从头学的人很多，也没觉得不好意思。我们这一批学员一共二三十个人，同时学钹、铙的这些人，很多小时候还在一块敲过镲铬呢。有的还是小学同学，有了复会这个事以后，就显得格外亲了。那时候还没有拆迁，人还是那些人。

之所以学了钹，没有学铙，一个是我喜欢钹，另外我父亲从前就是敲钹的，所以让我也敲钹。当时教钹的是戴锦良和于雅俊，这拨人现在都已经是七十来岁了。我们小的时候都认识他们，比我们最大大个十来岁，也不叫他们老师，就根据乡亲的称呼，该叫哥哥的叫哥哥，有时候把名字带上，有的老人儿我们喊"三爷"、"六爷"，代锦良我就喊他"代大哥"，很亲切，不是冷冰冰的教学。钹的技巧，父亲指导我比较多。敲歌子时候用不着说，就是背，有的时候我父亲陪着我背，晚上吃完饭没嘛事，他就说："你把《四时如意》给背一遍"。我就背。"不对，这还差一句"，他马上告诉我。在法鼓里大家伙一块学，我父亲他不教我，看我哪不够好就指点我。比如，卷帘儿的时候应该卷到怎么个程度，纺车的时候两个手是怎么回事。法鼓里的老师教不到这么细。记得我开始敲钹的时候钹缨子总是缠上，敲着敲着两个缨子就卷上了，我就纳闷怎么回事，后来问我父亲。敲的时候，我父亲就注意看，告诉我，钹敲完收回来的时候应该钹面冲外回来，再敲就没事了。我一试验，果不其然，打那起，缨子就再也不缠了。

我父亲是敲鼓的，这事说起来谁都问我，你怎么没敲鼓呢？我小的时候跟法鼓玩，是敲镲铬的，那是小孩敲的东西。1984年正式学法鼓的时候我就34岁了，我学得也不错，敲得也不错，总是头钹。那时候我也跟我父亲说，您也教教我鼓。他说，你先把大家伙敲好了，大家伙就指的是钹、铙。我心想，我敲得就算不错了。反正我没正式跟我父亲学过鼓，但是我自己也知道怎么敲，光知道敲不行，得正式表演才行。

和音法鼓恢复以后，我就跟着出去表演了。我们法鼓恢复后第一次表演，是1984年第一届或者第二届农民运动会开幕式，地点在第三体育场。后来食品街开业，我们也去过，拍电影《滦水滔滔》我们也去过。我印象最深的一次就是1986年在杨柳青举办的"天津市民间音乐盛会"，当时有很多会参加，和音法鼓的表演反响很好。敲的是二品，时间正好把握在要求范围之内。那次比赛我父亲被评为民间乐师，会里就一个人获得这项荣誉，我和会里其他的20人被评为民间乐手。转年我父亲就被吸收为河北区政协委员，我想可能跟这项荣誉有一定关系。

　　1998年，锦衣卫桥拆迁，在那种情况下，大家搬家是必须的。通知贴出来以后，没多长时间就停电停水了，我们家在张兴庄又找了个地方临时住着。但是我们锦衣卫桥的回迁算是大伙很满意的，按照承诺的时间，18个月的时间又搬回来了。2000年的春节我们就是在新房过的。我愿意回迁，说一个冠冕堂皇的话，还是不想离开锦衣卫桥，对这有感情，因为我太爷活的时候就住在这里，一大家一个院，我父亲就是在这出生、结婚，我也一样。出于感情，不想离开锦衣卫桥这个地方。

　　说实在的，一拆迁对法鼓影响很大，如果没有拆迁，咱和音法鼓肯定还是存在。人还都在这住，东西还有，那法鼓就还有。就算到今天，也没有谁宣布过和音法鼓解散了，但是自然而然的……市里、区里再有嘛事，人家知道和音法鼓出不来了，就不再找你了。到现在，我们已经有十几年没出会了。

　　我们会最宝贵的东西，就是老辈子给我们留下来的敲法、技艺。我不知道其他人怎样，反正我自己经常背。我早晨起来总去河边溜达，有时候会遇见会里的老会员代锦良，他也住在这附近，我们总一块把曲谱挑一段背，俩人一边念，一边按照法鼓的姿势、敲法，带比划带敲。有的时候在家没嘛事了，躺那儿我也会把歌子从头叨一遍。我感觉我记得还挺瓷实，歌子和耍的动作，前后的衔接，表演的套路，都在我脑子里转悠着。有时候想不起来了，再把老谱子找出来看看。对于我来说，确实和法鼓的感情很深，就怕在我这一辈断了，有很强的责任感。可就现在这种情况来看的确不容乐观，真有失传的那一天，我就算再着急也是没有办法的事情。

附录一
鼓王纪富忠生前录音
（1985年采录）

很久以前我思想里就想这事儿。咱们这地方儿的法鼓，这么些年的历史，现在就完了太可惜了。据说现在咱们会里老的东西都找不到了，真是遗憾的事儿。要提起咱和音法鼓来，不是咱们自己自豪，这话说得好像大一点，天津市法鼓不少，但跟咱们比他们还差点。这虽然是在屋里说的话，但实际也这么回事儿。和音法鼓从前有个明末清初的鼓箱子，狮子头下面有个弓腿，弓腿下面踩着一个绣球，好多天津市艺人来这儿画那个弓腿弯曲的角度。你这弓腿怎么好呢？看着它就有劲、有力量，雕刻得特别讲究。为什么说这鼓箱子是明末清初的呢？据说狮子头下面带着一个锁，像小孩儿过去戴的那个长命百岁锁。锁上有两个钱儿，中间带方眼儿的老钱，两个钱儿在一块儿摞着，有汉文的那个钱儿在下面，上面是由满文的钱儿压着它半拉。这说明什么问题呢，说明雕刻鼓箱子的艺人，他的思想还留恋他明朝的汉族，不甘心做满朝的亡国奴。所以，在雕刻这个东西的时候，他要表现他的心意，刻半个汉钱儿，但不敢明目张胆地那么刻出来，给压半拉。把你满文的钱儿搁上面，汉钱搁下面。这么一推断，说明这个鼓箱子有300多年的历史了。

大概法鼓会里的器具早先可以随便借，我借你的，你借我的。可能借出去容易坏呀，那个花牙子上就刻了一行小字，"河东锦衣卫桥和音法鼓不准外借"，不那么明显的一行小字，在牙子缝里夹着。说明我们这儿是真正的劳动人民自发起来的一伙儿会。过去锦衣卫桥这地方有一条金钟河，河的南边都是村子，河的北边都是菜园子。十家有九家是种菜园子的，即便不种菜园子，也是卖菜的，都是跟菜打交道的劳动人民。所以成立这伙会，也很不容易。我们鼓箱子边上花牙子的图案，跟别处也不一样。比方说娘娘宫宫南宫北宫音法鼓，他那伙儿法鼓咱承认他阔他富。因为嘛呢，宫南宫北有大买卖家，那个时候可以大笔地往外拿钱，置几个执事，就是前场儿。所以，他的鼓箱子就和咱们不一样，有贵族化的意思。他那鼓箱子上的花儿是福禄寿三仙，大桃、大苹果、大石榴。那鼓箱子整个都是赤金的，用金叶子包起来，那个时候金讲究赤金，因为它多年不变色。我们这儿就不然了，图案都按着菜园子的意思，有蝴蝶儿、花儿、叶儿。尤其是我们的鼓缯子，图案和别的地方也不同，有牡丹、芍药、老鼠偷葡萄，都是农民菜园子的东西，是农民脑子里头想的这些东西。鼓箱子是黑色的大漆的，其他的蝴蝶儿、花儿、叶儿都是赤金的，看起来特别雅致。法鼓本身就是个文明雅致的东西，这个艺术是文明的。老人们总嘱咐我们，咱这套东西保存下来很不容易，过去造反造乱的年代都经历过了，都没糟践了，我们存下来不容易，你们可得保存好了。

刚才光说鼓箱子了，我们会里的鼓可以说与众不同。我的记性不太好，可能是光绪十三年买的这两面鼓，鼓分阴阳面，晴天敲一面，阴天敲一面，到阴天没有太阳了把那边反过来敲也好听。在跟前儿听着跟敲木头板一样，越远听得越清楚越真，那真是"隆隆"地响啊。和现在的鼓的声音不一样，现在的鼓的声音特别短，"咚""咚"完了。我们的那个鼓是"嗡嗡"那个声音，传的声音特别远。

再说前场儿的东西，那好东西就更多了。高照、茶炊子、圆笼、茶筲、样筲，别处的都比不了。软对、硬对、鼓后边的灯图，那看着真叫人爱。可能是解放前置的灯牌，过去少几个八扇灯牌是正月十四闹八国联军的时候给毁掉了，所以我们当地人就置了布，总惦着要做八扇灯牌。结果我们做了八扇，好嘛，里边都是名人字画，请咱们天津市名画家薛月楼画的。我们软对、硬对那结子、花牙子相当好，都是头等花，刻的是喜鹊登梅，还没离开菜园子这个意思。我们那四把铛铛拐太好了，狮子滚绣球，满载云字头的，都是头等的东西。敲铛铛的、拿铛铛的人都有规矩，手都不敢摸那个金，就拿下面黑漆那个把儿，多少年来铛铛拐都不变形、不变色、不变样，总是这么新，现在也不知去向了。这是法鼓的东西，没有了也不要紧的，就是叫我们的心情里头平静不下来。再说说我们的旗子，我们的旗子大，旗杆是实竹的。这个旗杆怎么来的呢，都是过去的人到东浮桥买菜去，下了行了，卖完菜了，都路过菜市，楚（找）几根来，没事儿就拿玻璃刮擦。刮好了以后，截好长短，刷上大漆，特别精致，我们会里60面旗子，全是这么来的。来之不易呀，老前辈嘱咐我们必须好好地保存这个东西。

我们会的东西，每逢一出会，拿出来就跟新的一样，别的法鼓都来问："你们这都是新漆的？旗子都是新出水的？旗子都是新染的？"不是，我们这都百十来年了，都没动。"为什么这么好呢？"因为我们保存得好。每次出完会回来，有十来个人吧，把所有的花牙子都拿出去洗了。过水擦干，拿棉花围好了纸包好了，打好了捆儿，放什么东西都有放什么东西的箱子。放好了，完事儿箱子一放，什么时候出会什么时候拿出来跟新的一样。

我一直强调法鼓是个文明的东西，规矩特别多。在学法鼓的时候，老前辈老师们教我们，敲法鼓的时候规规矩矩目不斜视，不准东瞅西看，不像高跷那样东瞅西看的，要讲文明。我们这拨人学得比较瓷实，人们也比较齐心。有一年啊，老前辈就提出来了，咱们这法鼓，要是再不教一拨人的话，就失传了。要是这个失传了，那是真可惜。物件没了，没有关系。但是敲法鼓这个艺术活儿，如果丢了，那可没处找了。那年就教了几十个小青年们，我就在其中。整整学了一冬，那教的老师也好，学的东西也瓷实，功夫下得也深。所以，学好了以后，第一次出马就赶上出皇会。可能是1936年，那年我16岁，今年我65了，算算到今年有49年了。当时萧振瀛做天津市市长的时候，提出来天津市要出皇会，据说是给他妈妈祝寿。出的这次皇会，全天津市的会都出动了。皇会里边不要高跷要法鼓，但是法鼓会没有随驾的东西还不能出。我们锦衣卫桥随的是灵官，城里拴马桩的地界儿有个灵官。他做我们的后场，我们做他的前场儿，这样随的娘娘会。设摆的时候，我们正好和宫音法鼓摆斜对过。说来也奇怪，他们不敢敲。我们也不敲，一敲人都跑到我们这边儿来。因为什么呢，我们这家法鼓的艺术和他们是不一样的。我们这地方过去有个老人叫张起大爷，他把这法鼓改革了。过去各道法鼓都一样，里面十几套歌儿，什么《鬼叫门》《老河西》《瘸腿儿》，除了《对联》《绣球》这两套一样之外，其他都不一样。原来我们也是十几套歌儿，张起大爷把它改成六套，这六套歌儿敲起来又好听，名字听起来也顺。起的名字《四时如意》，敲起来听着真像四时如意一样的。

又扯个话头，为什么叫法鼓呢？这和佛教有关，佛教里边不是有和尚嘛，他们的法器，铙、钹、鼓、铛铛、镲铬。这五音联合，实际是他们和尚的法器。耍的时候，我们内行管上擂叫飞，飞不是外行说的镲都出了手飞起来，耍就叫飞。这个飞的一招一式，就是少林寺老和尚练的武术的姿势。托天走地、扯旗儿、左右跨鼓，一招一式，老和尚手里的法器到民间形式就成了法鼓。它是文明的东西，过去在买卖家大绸缎庄里边，都有法鼓。绸缎庄里要是搁个高跷，那算怎么回事呢。法鼓坐在那儿，文文明明的，穿着大袄马褂，规规矩矩的。别看都是敲，但都用"仄仄恰"衔接起来，音律也很有讲究。

我们法鼓比别的法鼓强的地界儿还有很多。比如说飞家伙，我们这个法鼓飞起来都响，铙、钹互相碰撞。别家法鼓一飞起来，就不响了。所以我们的家伙敲起来特别费，消耗相当大，敲不了多少日子，铙、钹就有破的。因为它飞起来，劲儿大。为什么好听呢，就好听在这儿，敲起来特别火热。比如上擂，就像一阵风一样，"呜"地就起来了，叫观众听了说不清楚地火炽。有人就问我了，你这样说不是自吹自擂吗，不是，在出皇会的时候，我们都互相参观过，你看看我的，我看看你的。因为都有设摆的地点啊，咱们自己也觉不出来，这是别家的法鼓说的，你们敲得是真好。人齐，都是些正当年的好岁数。当时因为我们的法鼓好，还引起了天津市文化局、电台的注意，找到我们这地界儿，要给我们录音。后来，我们也去找过电台，问这录音还有没有，想给自己会留个资料、留个念想。他们说没有了，"文化大革命"的时候给毁了，这是太遗憾的事儿。解放以后，我们还和天津音乐学院合奏过，我们是打击乐，一块儿演奏过一套很隆重的谱子。

新中国成立以后，我们法鼓对各种盛大的节日也效力不小。五一劳动节、十一国庆节……每逢节日我们都出去庆祝。我记得最好的一次就是1956年公私合营时。我们法鼓本来就有一套规章制度，要规规矩矩，不能乱，要乱了，就全坏了。一出会二百来人，要是没有一套规章制度，你上东，他上西，你拿这，他拿那，这就坏了。所以我们会的规章制度，大家基本都自觉遵守，组织者也很不容易。那次公私合营出会最理想了，打旗的完全是街道妇女，擦胭脂抹粉，走起来齐，那真好看。可是，这么好的东西，我们没把它保存下来。叫人心里最难过的是嘛呢？"文化大革命"怎么乱也没糟践，地震房倒屋塌也没砸坏。到1978年，在无形中也不知道叫谁给糟践了，现在这东西找不着了，也不知道到哪儿去了。说实在的，我们都心疼得要哭。怎么办呢？没有办法。会里原来的老会员，想把这个会扶植起来，根据现在社会上的风气，不是全国都在动吗，我们也想动。这是一种民间形式的古玩，要失传了，实在太可惜。这个东西是找不着了，我们想和领导联系联系，叫领导们多支持我们，把我们这道会还恢复起来，不使咱们老一辈的传统失传。

法鼓的情况我简单就说到这儿。

我再说咱们飞的这个上擂，这是我们的行话，实际就是表演。我知道的也不多。首先说铙，铙就是大肚，有那个穗子（缨子）的那个。我想咱们将来也改革改革。过去都是封建，那个铙缨子，是黄布的。为嘛呢？就是过去皇上的时候，用的嘛嘛什么东西都是黄的。我想我们可以改革一下，可以改红的、改花的，都可以。敲铙这个东西，不能闷。就是往上蘸，敲出来好听，家伙还不费。要是一闷，就坏了，敲着敲着那个铙裂了。"嚓——"，这声音把它晾出去。敲铙得大方。这六套歌，一开始的《富贵图》，是铙开。最后的《绣球》也是铙开。中间的四套歌儿，《四时如意》《对联》《阴阳鱼》《八卦图》都是铙开。铙飞的时候要撒开架子，猫着腰，胳膊出去，要横平竖直，带精神。不能蔫了吧唧的，那不好看。铙这个东西和铙不一样，它需要力气，因为它有个小肚，得拿手指拿住了敲。那个没有力气的敲不了，耍也耍不了，花也盘不好，缠头裹脑也缠不好。所以，铙要胳膊端起来，说不好听的话别跟夹尾巴狗赛的。胳膊得架起来，也不能闷。得把音晾出去，带水音儿，好听。镲铬不用说了，就是法鼓里管拍子的，就是拍子。铛铛就是陪衬。比如，念歌儿里头，"仄恰一仄恰"，那个"一"是镲铬。"起仄恰仄"，那个"起"是铙的回音和铛铛的音。鼓呢，其实和铙、铙敲的点儿是一样的。当然了，铙、铙、鼓，这三种音有阴阳点，要分出轻重下和阴阳点来。比如念这歌子，为什么念出好几个音出来呢？那不是念出来，而是敲出来的。"恰恰一恰恰"，这是敲出来的，轻重下不一样。比如《阴阳鱼》"仄仄仄、恰恰恰"，为什么有那"仄仄仄"呢？就是敲出来的音。虽然铙都是那个音，但是敲出来不一样，轻重下不一样。鼓呢，也分阴阳鼓。照规矩说，铙敲边鼓，铙敲中鼓。鼓都是从边儿往中间敛。过去吧，一开始哨鼓。哨鼓是干嘛呢？就是召集人。"咚咚咚、

咚咚咚、咚咚咚"，这就是召集人。哨鼓哨得不好听也不行。过去总挨老师傅的呲儿啊，"怎么哨的鼓啊？哨得不对，敲中间"。哨鼓敲边上不对，应该都是敲中间。行会的常行点都是敲中间。那是一个手单点的，都是敲中间，敲边儿不好听。所以敲家伙，咬歌儿的时候，要分出边中来。不分出来，不好听。所以，我们这个法鼓啊，虽然都是敲，有些法鼓我们也看了，里边细节的东西没有。就是你也会敲，他也会敲。这个里边虽然不深吧，但是也有一点理论性的东西。为什么叫好听，就像京剧赛的，人家拉二胡的，顿挫赶板，就是好听。法鼓也是这个道理。

还有鼓在咬家伙的时候，按五音来说，鼓是领头的。但是这个鼓，也要关照敲家伙的。也不能想怎么敲就怎么敲，想快就快想慢就慢，不行，要互相关照。怎么关照？一只眼一只耳朵。一只眼是嘛呢？敲头铙头铙的和敲鼓的，眼睛里说话。俩人一飞眼儿一看，要敲嘛，或者说要变点了。耳朵是嘛呢？听听铙、钹敲的快慢啊，只管你自己不行啊。

我们这儿分敲一品、二品，必须得慢。稳住了，敲一品，那功夫更大了。所以，一开始就得慢，如果一开始你就快，都是这个毛病，越敲越快。所以，一开始慢，到最后敲《绣球》的时候，就已经快得到一定程度了。敲完这套歌儿，都站起来，就该飞了。这个上擂，还有一套飞谱呢，就是飞的时候的谱子。里边都有名称，这段儿叫嘛名称，那段儿叫嘛名称。紧扣、垛子钹、前三垛、后三垛、卷帘儿、扯旗儿。飞谱那东西也找不着了，想起来丢的东西可真不少。那时候我手里头，那是五几年吧，国庆节在我们这儿设摆，照的一张大相片，"文化大革命"时期给烧掉了。我为这张照片好找啊。找不到我特别心疼。过去录的音也丢了，想起来，心里总是平静不下来。所以，这次我们希望上级领导给我们支持，咱们把这个老一辈的传统还拾起来，也算咱们民间艺术吧，古玩吧，老古董吧，给他传下去。

　　我觉得咱们这个法鼓对社会也有很大的帮助。可以笼络一部分青年去耍这个会，也是一种娱乐。不去胡作非为，对社会安定有很大的好处。法鼓这东西，只有喜爱的人才玩着有意思。没兴趣的人会说，这看起来没什么意思啊，不就是敲嘛，但是爱法鼓的人心里全是它。这地界儿有这伙儿会，我们这些老锦衣卫桥人心里很自豪，骄傲极了。老一辈给我们留下来的东西，我们得好好保存下来，还得一代代传下去。

附录二
锦衣卫桥和音法鼓老会部分会员名单

姓名	擅长乐器	姓名	擅长乐器
纪富忠	鼓	郭德忠	钹、铛铛
张恩惠	钹、铙	张忠杰	钹、铛铛
恽恩甲	钹、铙、鼓	倪文革	钹、铛铛
管玉昆	钹、铙、鼓	张家祥	钹
代锦良	钹、铙、鼓	刘慰问	铙
纪 川	钹、铛铛	呼明礼	铙
于雅俊	钹、铙	于文忠	钹
张玉生	钹、铙	倪文金	铙
郭秉成	铙	刘锦良	铙
郭秉衡	铙	焦跃江	铛铛
焦跃武	钹	焦振起	钹
焦跃阳	钹	于文江	钹
焦敬茂	钹、铛铛	于文景	钹
扈明利	钹	代锦全	铛铛
扈明友	钹	王学富	铛铛
张忠建	钹	管宝辉	铙
焦敬才	钹	王士玉	会务
代 朋	钹、铛铛	罗士玉	会务
张克利	钹	王振祥	会务
刘宝林	钹、铙	于恩富	会务

后记

　　"先有天后宫，后有天津卫。"天津皇会是为祭祀海神——天后娘娘诞辰而举办。传承300余载的锦衣卫桥和音法鼓老会，已经失声20余年，当我们尝试去揭开并重温这段辉煌的历程，老会的会员们感到惊讶，确实，已经太久没有人关注了。

　　和音法鼓老会起自种菜园子的农民，从没有大买卖家的支持，她在天津花会中的名望和口碑，来自其庄重的法鼓风格和对技艺的坚持。无论是音律还是舞蹈动作，都格外讲究和规范。1936年的皇会，也是被称为最后一次的传统皇会，锦衣卫桥和音法鼓特别为此培训了一批扎实的新学员，穿着一水儿的学生服，凭着精湛的技艺在当年皇会的玩意儿会表演当中大放异彩。这是会员们现存记忆中最为露脸儿的一次。半个世纪之后的1989年，和音法鼓老会在天津市北宁公园最后一次出会，自此便沉寂下来。

　　2011年4月至12月间，我们陆续探访了和音法鼓老会的会头和几位会员，得知老会面临着所在传统社区锦衣卫桥拆迁后会员分散、会所无着、现有会员年龄偏大、后继乏人的窘境，尤其是拆迁乱象中老会出声儿的铜器全部被盗，让会里上下格外痛惜。因为没有了会所，会里余下的执事无处安放，只好"借"给其他的法鼓会。

　　在跟每位会员沟通的过程中，我们都能感受到他们心里的那份沉重和无奈。特别当会中老人陪同我们前往执事所在的法鼓会会所考察时，虽然对方热情且谦恭，但看着执事上曾经的"锦衣卫桥和音法鼓"改换了对方的会名，相信每位老人心里都有别样的滋味。在此，特别向张恩惠、恽恩甲、纪川师傅的积极配合表示感谢。

　　我们能做的不多，希望通过为锦衣卫桥和音法鼓建立文化档案的方式留下百年老会的技艺规矩、喜乐兴衰；也希望为相关部门的保护工作提供有所裨益的历史依据；更希望在当下现代化、城镇化的过程中，在花会的文化土壤被全面破坏的情况下，我们的行动能够唤起人们对老会、对皇会的文化情怀，重树天津人共有的文化记忆和文化情感。

2013年8月
于天津大学冯骥才文学艺术研究院

图书在版编目（CIP）数据

锦衣卫桥和音法鼓老会 / 唐娜，蒲娇著. —济
南：山东教育出版社，2014
（天津皇会文化遗产档案 / 冯骥才主编）
ISBN 978-7-5328 8156-7

I. ①锦…　　II. ①唐…　②蒲…　　III. ①风俗习
惯-史料-天津市　IV. ①K892.421

中国版本图书馆CIP数据核字（2013）第223924号

天津皇会文化遗产档案丛书
锦衣卫桥和音法鼓老会
冯骥才　主编

主　管：山东出版传媒股份有限公司
出版者：山东教育出版社
　　　　（济南市纬一路321号　　邮编：250001）
电　话：(0531)82092664　传真：(0531)82092625
网　址：http://www.sjs.com.cn
发行者：山东教育出版社
印　刷：山东临沂新华印刷物流集团有限责任公司
版　次：2014年6月第1版第1次印刷
规　格：787mm×1092mm　16开本
印　张：9.5印张
字　数：115千字
书　号：ISBN 978-7-5328-8156-7
定　价：65.00元

（如印装质量有问题，请与印刷厂联系调换）
印厂电话：0539－2925659